Jeden Tag ein bisschen besser

LERNEN so geht's!

7./8. Schuljahr

von Stephan Reuthner

Illustriert von
Detlev Schüler

W0466101

Cornelsen
SCRIPTOR

Der Autor:
Stephan Reuthner ist Gymnasiallehrer für die Fächer Deutsch und Geschichte und staatlicher Schulpsychologe.

Cornelsen online http://www.cornelsen.de

Gedruckt auf chlorfrei gebleichtem Papier
ohne Dioxinbelastung der Gewässer.

Die Deutsche Bibliothek – CIP-Einheitsaufnahme

Jeden Tag ein bisschen besser. – Berlin: Cornelsen Scriptor
Lernen. So geht's! / Stephan Reuthner
Schuljahr 7/8. – (2000)
ISBN 3-589-21374-4

Dieses Werk berücksichtigt die Regeln der reformierten Rechtschreibung und Zeichensetzung.

5. 4. 3. 2. 1. ✔ € Die letzten Ziffern bezeichnen
04 03 02 01 2000 Zahl und Jahr des Drucks.

© 2000 Cornelsen Verlag Scriptor GmbH & Co. KG, Berlin
Das Werk und seine Teile sind urheberrechtlich geschützt.
Jede Verwertung in anderen als den gesetzlich zugelassenen Fällen bedarf deshalb der vorherigen schriftlichen Einwilligung des Verlages.
Redaktion: Gabriele Teubner-Nicolai, Berlin
Typographie: Julia Walch, Bad Soden
Illustrationen: Detlev Schüler, Berlin
Hundemotive: Roland Beier, Berlin
Umschlagentwurf: Bauer + Möhring, Berlin,
unter Verwendung einer Illustration von Roland Beier, Berlin
Layout und Herstellung: Beate Schubert, Berlin
Druck und Bindearbeiten: Clausen & Bosse, Leck
Printed in Germany
ISBN 3-589-21374-4
Bestellnummer 213744

A. Erfassen des Lernverhaltens und Ziele setzen

B. Mit der Konzentration arbeiten

C. Verarbeitung und Aufbereitung von Lernstoffen

Vorwort

Hallo, liebe Schülerinnen und Schüler!
Hallo, liebe Eltern!

Wer ***jeden Tag ein bisschen besser*** wird, ist bald sehr gut!

Dieses Heft stellt auf jeder Doppelseite ein Thema vor, das dir zeigt, wie man am besten lernt. Du kannst die Aufgaben in einer Viertel- oder einer halben Stunde bearbeiten. Eine Doppelseite pro Tag genügt völlig. Du schreibst einfach direkt ins Heft rein. Hast du einmal nicht genug Platz, kannst du auch alles auf ein Blatt Papier oder in ein Heft schreiben.

In der Mitte des Heftes haben wir für dich einen Lösungsteil eingeheftet. Trenne ihn heraus und überprüfe immer gleich deine Ergebnisse. Das ist ganz wichtig, denn so vermeidest du in Zukunft Fehler! Deine Lösungen sind vielleicht manchmal etwas anders formuliert, sie sollten aber den Sinn der vorgeschlagenen Lösungen treffen.

So, jetzt bist du bestens vorbereitet.

Und nun viel Spaß und viel Erfolg!

1 Fragebogen zum Lern- und Arbeitsverhalten (1)

Das Datum von heute

Das Heftchen, das du gerade aufgeschlagen hast, liegt sicherlich nicht zufällig vor dir: Vielleicht hast du es dir selbst gekauft, weil du gemerkt hast, dass mit deinem Lernen etwas nicht so gut klappt, wie es klappen sollte; oder du willst gezielter und intensiver lernen, um mehr zu behalten und in der Schule besser zu werden. Vielleicht haben dir das Heft auch deine Eltern gekauft oder ein Lehrer hat es dir gegeben.

Um das Lernen verbessern zu können, ist es wichtig, sich auf die Suche nach den Stärken und Schwächen des eigenen Arbeitens zu begeben. Fülle den folgenden Fragebogen mit typischen Lernsituationen ganz ehrlich und selbstkritisch aus. Markiere dazu bei jeder Fragestellung diejenige der drei Antworten, die dein Arbeitsverhalten am besten umschreibt.

In Geschichte soll ich ein Referat halten:			
Ich schreibe zum Thema ein paar Zitate aus Büchern ab und lese diese der Klasse vor.			○
Ich überlege mir, was mir wichtig zu sagen ist, verschaffe mir dazu zusätzliche Informationen und baue mein Referat gegliedert und mit Anschauungsmaterial versehen auf.	○		
Aus verschiedenen Büchern stelle ich die wichtigsten Inhalte zusammen, gliedere sie und versuche sie in eigenen Worten vorzutragen.		○	

Auf Abfragen und schriftliche Arbeiten bereite ich mich so vor:			
Ich lese mir den Stoff immer wieder durch und versuche ihn zu behalten.			○
Meine Hefte und Schulbücher lese ich mehrfach durch, wobei ich mir wichtige Punkte mit einem Stift markiere, um sie später zu wiederholen.		○	
Ich arbeite aus meinen Unterlagen Schlüsselbegriffe und Zusammenhänge heraus, indem ich unterstreiche, herausschreibe und Lernkarten erarbeite.	○		

Ich muss ein Gedicht oder umfangreichen Lernstoff auswendig lernen:			
Ich präge mir den Lernstoff schrittweise ein und nutze dabei Memotechniken und Gedächtnisstützen.	○		
Durch Schreiben, lautes Aufsagen und häufiges Wiederholen präge ich mir den Lernstoff mit der Zeit ein.		○	
Das zu Lernende lese ich so lange durch und wiederhole es immer wieder, bis ich es kann.			○

2 Fragebogen zum Lern- und Arbeitsverhalten (2)

Das Datum von heute

____

Meine Lernplanung kann ich folgendermaßen beschreiben:			
Meine Zeit versuche ich mir einzuteilen und dabei die Schulaufgaben besonders zu berücksichtigen.		○	
Ich mache immer das, wozu ich gerade Lust habe und was äußerst wichtig ist.			○
Ich setze mir klare und erfüllbare Ziele und kontrolliere mein Lernen und Arbeiten selbst.	○		
Mit meiner Konzentration gehe ich so um:			
Zum Lerneinstieg mache ich eine Konzentrations- oder Entspannungsübung. Wenn ich unkonzentriert werde, lege ich eine kurze Pause ein und fange dann wieder an.	○		
Ich zwinge mich zum Arbeiten, bis alles fertig ist – egal wie lange es dauert.		○	
Wenn man keine Lust hat oder beim Lernen nicht aufmerksam bleiben kann, arbeitet man eben nichts.			○
Den Zusammenhang von Lernen und Motivation sehe ich so:			
Ich schiebe mein Lernen immer so lange vor mir her, bis ich nicht mehr anders kann, als schnell unter großem Druck alles nachzuholen.			○
Arbeiten ist eben hart, aber wenn ich lange genug die Zähne zusammenbeiße und kämpfe, komme ich schon durch.		○	
Manchmal keine Lust zu haben gehört zum Arbeiten dazu. Ich vermeide aber selbst gestellte Fallen und ich entmutige mich nicht selbst.	○		

Werte nun den Fragebogen folgendermaßen aus: Zähle für jede der drei Antwortspalten auf der rechten Seite des Fragebogens die Anzahl der Kreuze zusammen und trage die Summen in das folgende Kästchen ein. Multipliziere dann die Anzahl der Kreuze in der linken Spalte mit 3, in der mittleren Spalte mit 2 und in der rechten Spalte mit 1. Addiere schließlich deine Gesamtpunktzahl zusammen.

Anzahl linke Spalte	**Anzahl mittlere Spalte**	**Anzahl rechte Spalte**
× 3	× 2	× 1
Punkte:	Punkte:	Punkte:
Gesamtpunktzahl:		

Schlage im Lösungsteil nach, was deine Punktezahl zu bedeuten hat!

Sicher sind dir beim Ausfüllen die eher besseren und eher schlechteren Vorgehensweisen während des Lernens und Arbeitens aufgefallen. So bist du ein wenig wacher dafür geworden, was du nicht so gut machst und wie du dies verändern kannst.

Gestalte den folgenden Spruch als Plakatkarton und hänge ihn an deinem Schreibtisch auf:

3 Selbstmanagement: Tagesprotokoll führen

Das Datum von heute

____

Zähle, bevor du ihn liest, in dem folgenden Absatz alle „e"!

Die Anzahl beträgt: ______

Eine Voraussetzung, um Ziele, die man sich setzt, einhalten zu können, ist die Selbstkontrolle. Zu jedem Selbstmanagement gehört also, den Weg, auf dem man ein Ziel zu erreichen versucht, genau aufzuzeichnen und in den einzelnen Schritten anschließend zu bewerten. Dies hilft vor allem auch bei der Planung späterer Arbeiten, welche dadurch schneller und zielgerichteter erledigt werden können.

Besonders eignet sich dazu das Tagesprotokoll. Folgende Vorbereitungen musst du treffen, um es führen zu können:

- Kopiere dir die Vorlage auf der nächsten Seite siebenmal!
- Lege die Blätter mit einem gesonderten Stift auf deinen Arbeitsplatz!
- Platziere auf dem Tisch einen Wecker oder eine Stoppuhr!
- Zeichne nun eine Woche lang ganz genau alle schulischen Arbeiten und Lerntätigkeiten sowie die Pausen und Unterbrechungen mit dem Tagesprotokoll auf! Je gewissenhafter und selbstkritischer du bist, um so aussagekräftiger werden die Ergebnisse!

Datum: ___ Beginn – Ende	Dauer geschätzt – wirklich	Art der Tätigkeit	Bewertung	Anmerkungen
14.15 14.37	32 min – 22 min	Englisch, Lektion 2, Grammatikübung a und c		macht Spaß, gut verstanden, Zeit verfliegt
14.37 14.48	11 min	Pause: Schluck Milch getrunken		Gefühl, schon fertig zu sein
14.48 15.18	15 min – 30 min	Mathematik, S. 37, Aufgaben 3, 4, 5		keine Lust, Konzentrationsschwierigkeiten, Aufgaben nicht begriffen

Das Datum von heute

____

4 Selbstmanagement: Tagesprotokoll auswerten

Nimm die sieben Tagesprotokolle zur Hand und werte sie aus:

• Mein Arbeitsnachmittag beginnt meist um ________ Uhr und endet um ________ Uhr. • Die längste Arbeitszeit während der vergangenen Woche dauerte ________ Minuten. • Die kürzeste Arbeitszeit nahm ________ Minuten in Anspruch. • Durchschnittlich arbeitete ich über die sieben Tage gerechnet ________ Minuten am Tag. • Die meiste Zeit investierte ich in die Fächer ____ ________________________ • Keine Vorbereitung brauchte ich für die Fächer ____

• Bei der Einteilung der Hausaufgaben achtete ich auf:

	ja	nein
Wechsel schriftlich – mündlich	○	○
Wechsel schwer – leicht	○	○
leichter oder interessanter Einstieg	○	○
anspruchsvolle Hausaufgabe nach Anwärmphase	○	○
Wiederholungen	○	○
Sonstiges: ______________________	○	○

- Die Dauer der Pausen zwischen den Tätigkeiten nahm durchschnittlich _______ Minuten in Anspruch. Meine Pausengestaltung sieht so aus: ____

- Bei der Auswertung der Anmerkungen sind folgenden Auffälligkeiten feststellbar: ____

- Zusammenfassende Bewertung: Bewährt hat sich / beibehalten möchte ich ____

Verändern muss ich ____

Behilflich sein kann mir bei den Veränderungen ____

Das Datum von heute

____

5 Ziele setzen: einen Lernvertrag ausarbeiten

Nach dem Ausfüllen des Tagesprotokolls ist dir bestimmt bewusster geworden, wie lange und wie viel du arbeitest und wo du mehr Zeit und Einsatz aufwenden musst. Sicherlich ist es dir auch wichtig festzuhalten, wie viel Freizeit und Erholung du hast, also wann du unbehelligt von Ermahnungen deinen Interessen nachgehen kannst.

Fülle gemeinsam mit deinen Eltern und, wenn möglich, mit einem Außenstehenden den folgenden Vertrag aus. Durchdenkt dabei die einzelnen Bestimmungen genau und fügt Ergänzungen für besondere Fälle ein!

Vertrag

zwischen ______________, ______________ und ______________.

1. Lernen und Arbeiten

__________________________ möchte im Zeitraum vom _______ bis zum _______ wöchentlich _____ Stunden arbeiten. Verteilt auf die einzelnen Wochentage bedeutet dies in Minuten etwa am Montag _____, am Dienstag _____, am Mittwoch _____, am Donnerstag _____, am Freitag _____, am Samstag _____ und am Sonntag _____. Als arbeitsfreier Tag wurde der __________ vereinbart. Wenn es der Tagesablauf zulässt, sollten Lernen und Arbeiten zwischen _____ Uhr und _____ Uhr erledigt werden. Die Wiederholung des Gelernten findet zwischen _____ Uhr und _____ Uhr statt.

Während der Arbeitszeiten ist Folgendes zu erledigen: ______________

____

Bleibt noch Zeit übrig, kann sie für Folgendes genutzt werden: ____________

____

Die Kontrolle findet durch ein Tagesprotokoll oder ______________ statt. Werden die Vereinbarungen nicht eingehalten, dann machen wir Folgendes: ______________________________________

Anmerkungen zu besonderen Fällen und Ausnahmen: ______________

____

2. Freizeit und Erholung

______________ und ______________ garantieren, dass ______________ außerhalb der vereinbarten Arbeitszeiten unbehelligt Freizeitbeschäftigungen nachgehen kann. Wenn die Vereinbarungen in den ersten zwei Wochen zuverlässig erfüllt werden, bekommt __________ als Erfolgsprämie ______________ zugestanden. Wenn die Bedingungen sechs Wochen zuverlässig erfüllt werden, wird ______________ gewährt, nach drei Monaten ______________. ______________ und ______________ können sich anhand des Tagesprotokolls oder ______________ vergewissern, dass alles zuverlässig erledigt wurde.

Anmerkungen zu besonderen Fällen und Ausnahmen: ______________

____

Der Vertag wurde im gegenseitigen Einverständnis und ohne Zwang ausgearbeitet. ______________ ______________ ______________

6 Konzentration verbessern: Einleitung

Das Datum von heute

____

Was ist Konzentration?

Zähle im folgenden Absatz die Vokale und die Konsonanten! Stoppe dabei die benötigte Zeit!

Vokale: ____ Konsonanten: ____ benötigte Zeit: ____ Minuten und Sekunden

William James hat schon Ende des letzten Jahrhunderts eine zentrale Erfahrung beschrieben: „Keine willentliche Aufmerksamkeit kann länger als einige wenige Sekunden am Stück durchgehalten werden. Was wir als durchgehaltene willentliche Aufmerksamkeit bezeichnen, sind kontinuierlich wiederholte Anstrengungen, dem Geist den jeweiligen Gegenstand zurückzubringen."

Die Definition ist schwer zu verstehen. Denke sie genau durch und bewerte dann die folgenden Aussagen!

		stimmt	stimmt nicht
1.	Konzentration stellt sich von alleine ein.	○	○
2.	Schon nach wenigen Sekunden lässt Aufmerksamkeit nach.	○	○
3.	Um konzentriert zu sein, muss ich versuchen, Ablenkungen um mich herum abzustellen.	○	○
4.	Je weniger ich mich für einen Lerngegenstand interessiere, umso größer muss mein Wille sein, die Aufmerksamkeit beizubehalten.	○	○
5.	Wenn mich etwas sehr beschäftigt – Streit mit den Eltern, eine tolle Klassenfete – , hat dies keine Auswirkungen auf meine Konzentration.	○	○
6.	Die Konzentration ist unerschöpflich, ich muss sie nur ein wenig trainieren.	○	○

		stimmt	stimmt nicht
7.	Nur wenn ich schnell arbeite und mit allem schnell fertig bin, war ich konzentriert.	○	○
8.	Um die Konzentrationsfähigkeit wiederherzustellen, ist es sinnvoll, kurze Pausen zu machen.	○	○
9.	Die Aufmerksamkeit wird durch Spielen am Computer und Fernsehen nicht beeinträchtigt.	○	○
10.	Zur Aufmerksamkeit gehört Sorgfalt und Selbstkontrolle	○	○
11.	Wenn ich lange am Schreibtisch gesessen und gearbeitet habe, bedeutet das, dass ich konzentriert gewesen bin.	○	○
12.	Zur Verbesserung der Konzentrationsfähigkeit gehören ausreichender Schlaf und eine gesunde Ernährung.	○	○
13.	Nach einer Konzentrationsphase ist immer eine Erholungsphase notwendig – gleichgültig ob ich mich in der Schule oder in der Freizeit konzentriert habe.	○	○
14.	Wenn die Menschen um mich herum – Eltern, Geschwister, Lehrer, Mitschüler – konzentriert sind, verbessert sich auch meine Konzentration.	○	○
15.	Es ist für meine Aufmerksamkeit gleichgültig, wie mein Arbeitsplatz gestaltet ist.	○	○
16.	Lern- und Arbeitszeiten haben keinen Einfluss auf die Konzentrationsfähigkeit.	○	○

Kontrolliere deine Bewertungen! Trage danach in den folgenden Leerzeilen die beiden Aussagen ein, die für dich selbst am wichtigsten sind:

7 Konzentration verbessern: 1. Übung

Das Datum von heute

___

Konzentriert zu arbeiten bedeutet nicht nur, die Aufmerksamkeit zielgerichtet auf einen Gegenstand zu richten und alle inneren und äußeren Ablenkungen auszuschalten. Konzentriert arbeiten bedeutet auch, dass man sich genau bewusst wird, welche Aufgabenstellung vorliegt und wie man vorzugehen hat.

Finde aus den Kästchen vier Fragen heraus! Schreibe sie dann in der richtigen Abfolge in die unten stehenden Leerzeilen!

Was	ich	ich	es	tun?
ich	Wie	ich	Habe	soll
soll	tun?	Was	weiß	stimmen?
und	alles	es	kann	schon?

1. ___

2. ___

3. ___

4. ___

Führe nun den Konzentrationstest durch und beachte dabei genau die Anweisungen!

Konzentrationstest

Lies die folgenden Aufgaben sorgfältig durch und erledige dann die von dir verlangten Aufträge. Du hast dafür zwei Minuten Zeit!

1. Schreibe das Wort Konzentration von hinten nach vorne:

___

2. Berechne die Aufgaben: 32 × 12 = ________ ; 3412 – 396 = ________

3. Nenne fünf deutsche Flüsse: ______________________________

____

4. Wie heißt der deutsche Bundeskanzler? ______________________________

5. Zähle drei Teile einer Blume auf: ______________________________

6. Nenne drei bedeutende deutsche Dichter! ______________________________

____

7. Wie viele Ecken hat ein Stoppschild? ________

8. Ab welcher Temperatur gefriert Wasser? ________

9. Führe nun lediglich die Aufgaben 1 und 7 aus!

Was war beim Konzentrationstest zu tun?

____

Warum hätten dir die vier oben formulierten Fragen bei der Durchführung des Tests helfen können?

____

____

Fasse in eigene Worte: Aus der 1. Übung habe ich gelernt ...

____

____

____

8 Konzentration verbessern: 2. Übung

Das Datum von heute ____________

Der folgende Konzentrationstest soll deine Fähigkeit zur aufmerksamen Wahrnehmung und deine Ausdauer in der Unterscheidung ähnlicher Buchstaben erfassen. Schaue dir dazu die folgende Übungszeile an! Du findest in ihr die Buchstaben a, c, e, o, u und v. Streiche mit einem einfachen Bleistiftstrich alle „c" in der Zeile so schnell und so sorgfältig wie möglich durch!

aeocuvvvuccaeaouauacceuvvououeuveccaaaeeouvccocuc

Zähle alle „c", trage sie hier _____ ein und vergleiche sie mit der Zahl im Lösungsteil!

Versuche, aus den folgenden zwölf Zeilen so schnell wie möglich alle „c" herauszufinden! Wenn du dich durch alle Zeilen durchgearbeitet hast, kannst du die Anzahl in jeder Zeile zusammenzählen und mit der Anzahl im Lösungsteil vergleichen. Fehlen dir einige„c", musst du die Zeile so lange nachprüfen, bis du alle gefunden hast. Stoppe dabei deine Gesamtzeit!

aacaeuvuoooevcuoeaeoaeonouuoecvcveaaeuoovoeovocoa _____
auuueucueauovocovoeouoeovocovoeoaoaouueuaocoaocceu _____
uueucaucooeuoecevvvueucuaoueuvuceuaoeuoaccaovavoae _____
ueuaucueuuevoouecvueuaueouvceuaoueuaoeucauooeoeuec _____
oueoucveouaocouvoeuveouaoucvoeuaouoaueoauvcucuveve _____
uaoauocccveovoeuacvueouavaevoaeeuvcevaeaeoauveovoe _____
aoeceveovueouaceoauveouaoeeuaucouuooeuvoeoveocuuec _____
oavuoeuvouacoueoveuavocuvoveoaccaoaeoeeeuovuoeuvoc _____
aooveoucuoeovacceoveouaucueeeoaaaeveouveuoaoeovauo _____
aoveoacvaeuoveaoeaaoouuccevaeuoueuveavoaeeuvvueovv _____
aoevuvoecccvoveauceveaocvuaueoeavoeovoaeuvovcuevuv _____
aovueovcvauvvvvcvcvceaovoeuoacceoeuouaoeovcvaoveve _____

Die Gesamtzeit der Durchführung mit Kontrolle belief sich auf _____ Minuten und _____ Sekunden.

Mache nun eine Pause von 30 Minuten. Führe danach den folgenden Test in der gleichen Weise durch!

aocoevoeevoaocooeuoaeaccvevcvecacoeuoccevoauceouvc ____
ueuccvevaaovuceovuceuvacaeaeaveaeauaoucccveaavoeau ____
uaoauocccveovoeuacvueouavaevoaceuvcevaeaeoauveovoe ____
aoeceveovueouaceoauveouaoeeuaucouuooeuvoeoveocuuec ____
oavuoeuvouacoueoveuavocuvoveoaccaoaeoeeeuovuoeuvoc ____
aooveoucuoeovacceoveouaucueeeoaaaeveouveuoaoeovauo ____
aoveoacvaeuoveaoeaaoouuccevaeuoueuveavoaeeuvvueovv ____
aoevuvoecccvoveauceveaocvuaueoeavoeovoaeuvovcuevuv ____
aovueovcvauvvvvcvcvceaovoeuoacceoeuouaoeovcvaovevec ____
aacaeuvuoooevcuoeaeoaeonouuoecvcveaaeuoovoeovocoaa ____
auuueucueauovocovoeouoeovocovoeoaoaouueuaocoaocceu ____
uueucaucooeuoecevvvueucuaoueuvuceuaoeuoaccaovavoae ____

Die Gesamtzeit der Durchführung mit Kontrolle belief

sich beim zweiten Mal auf ____ Minuten und ____ Sekunden.

Folgende Beobachtungen habe ich während der Durchführung beider Tests an mir gemacht:

____

____

Aus den beiden Tests ziehe ich für mich die Schlussfolgerungen:

____

____

____

____

9 Konzentration verbessern: 3. Übung

Das Datum von heute

____

Du brauchst für diese Übung einen Stift und eine Stoppuhr.

Schau dir die folgende Musterzeile an. In ihr siehst du, wie ein Stern in einem Zuge gezeichnet werden kann.

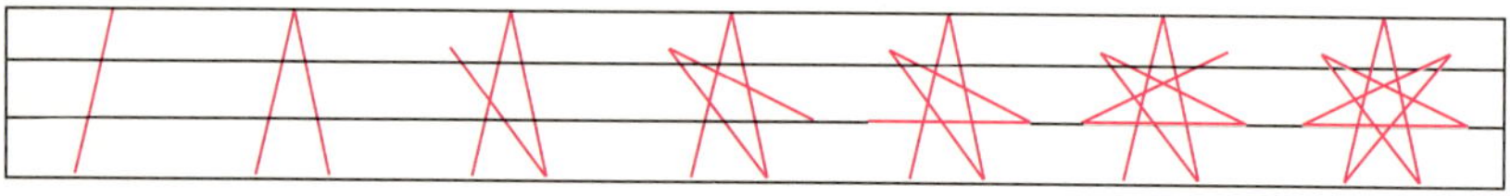

Schätze nun, wie viele derartiger Musterzeilen du in zwei Minuten vollständig und richtig abzeichnen kannst! ____ Zeilen

Stelle die Stoppuhr auf zwei Minuten, und versuche so schnell und sorgfältig wie möglich Musterzeilen in die folgenden Leerzeilen zu übertragen!

1

2

3

4

5

6

Ich habe ____ Zeilen geschafft.

Mache nun 30 Minuten Pause und wiederhole dann die Übung in gleicher Weise mit der folgenden Musterzeile!

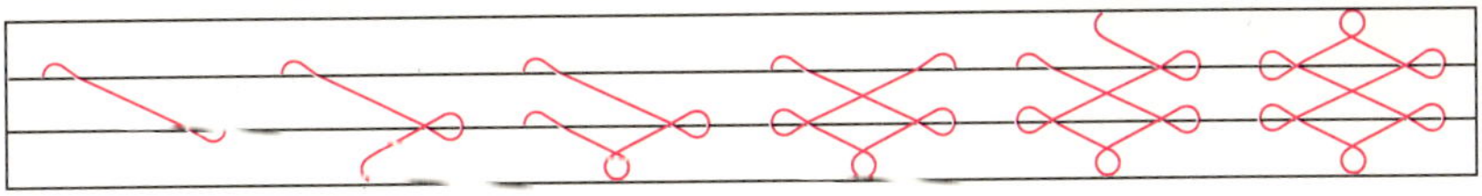

In zwei Minuten kann ich _____ Zeilen vollständig und richtig abzeichnen.

1

2

3

4

5

6

7

Ich habe _____ Zeilen geschafft.

Folgende Schlussfolgerungen ziehe ich aus der Übung:

____

____

10 Konzentration verbessern: 4. Übung

Das Datum von heute ______________

Bei den folgenden Übungen sollst du zu den vorgegebenen Worthälften zusammengesetzte Hauptwörter bilden. Hast du zum Beispiel Vater- vorgegeben, könntest du das Wort zu Vatertag, Vaterschaft, Vaterstadt ... ergänzen.

Du hast 5 Minuten Zeit, mit „Pferd-" möglichst viele zusammengesetzte Hauptwörter zu bilden!

1. Pferd- ______________	**6.** Pferd- ______________	**11.** Pferd- ______________
2. Pferd- ______________	**7.** Pferd- ______________	**12.** Pferd- ______________
3. Pferd- ______________	**8.** Pferd- ______________	**13.** Pferd- ______________
4. Pferd- ______________	**9.** Pferd- ______________	**14.** Pferd- ______________
5. Pferd- ______________	**10.** Pferd- ______________	**15.** Pferd- ______________

Ich habe _____ Wörter gebildet.

Mache nun 5 Minuten Pause und beginne danach mit dem zweiten Durchgang. Auch für diesen hast du 5 Minuten Zeit!

1. Haus- ______________	**6.** Haus- ______________	**11.** Haus- ______________
2. Haus- ______________	**7.** Haus- ______________	**12.** Haus- ______________
3. Haus- ______________	**8.** Haus- ______________	**13.** Haus- ______________
4. Haus- ______________	**9.** Haus- ______________	**14.** Haus- ______________
5. Haus- ______________	**10.** Haus- ______________	**15.** Haus- ______________

Ich habe _____ Wörter gebildet.

Nimm dir nochmals eine fünfminütige Pause und führe dann einen dritten Durchgang durch. Hierfür hast du abermals 5 Minuten Zeit!

1. Straßen- ____________
2. Straßen- ____________
3. Straßen- ____________
4. Straßen- ____________
5. Straßen- ____________
6. Straßen- ____________
7. Straßen- ____________
8. Straßen- ____________
9. Straßen- ____________
10. Straßen- ____________
11. Straßen- ____________
12. Straßen- ____________
13. Straßen- ____________
14. Straßen- ____________
15. Straßen- ____________
16. Straßen- ____________
17. Straßen- ____________
18. Straßen- ____________
19. Straßen- ____________
20. Straßen- ____________

Ich habe _____ Wörter gebildet.

Meine Schlussfolgerung aus der Übung ist:

____

____

11 Konzentration verbessern: Bündelung der Erfahrungen

Das Datum von heute

Blicke nun in Gedanken auf die vier Konzentrationsübungen zurück. Vielleicht hilft dir dabei, wenn du noch einmal nachblätterst. Denke dann über deine Art zu arbeiten und dich zu konzentrieren nach!

Daran kann ich feststellen, dass ich wirklich konzentriert arbeite:

Dass ich beginne unkonzentriert zu werden, habe ich daran beobachten können:

Leichter fällt es mir, mich zu konzentrieren, wenn folgende Rahmenbedingungen gegeben sind:

Abgelenkt oder schnell ablenkbar bin ich in diesen Situationen:

Versuche nun die letzten Beobachtungen noch genauer zu beschreiben, indem du deinen Störquellen nachgehst und dir – etwa mit Hilfe deiner Eltern oder eines Lehrers – Möglichkeiten der Abhilfe überlegst!

Störfaktoren	**Abhilfemöglichkeiten**
1. Hauptstörfaktor ist ...	
2. akustische Störungen (Radio, schreiende Geschwister ...)	
3. optische Störungen (Blick aus dem Fenster, Ablenkungen am Schreibtisch ...)	
4. körperliche Voraussetzungen (Schlaf, Ernährung, Erschöpfung ...)	
5. störende Gedanken (Freizeit am Nachmittag, Selbstentmutigung ...)	
6. störende Gefühle (Unlust, Traurigkeit, Freude ...)	

12 Die Arbeit mit Texten

Das Datum von heute ______________

Vervollständige den folgenden Lückentext, indem du die neben stehenden Begriffe in den richtigen Sinnzusammenhang einsetzt!

„Bevor du mit der Textarbeit beginnst, solltest du den Text ______________ und dir einen ______________: Von wem ist er? Welches ______________ wird behandelt? Gibt es Unterüberschriften, besondere Hervorhebungen oder eine Gliederung in Absätze?

Jedem Text sind ______________ zugeordnet. Lies die Fragen, bevor du mit einer gründlichen Lektüre beginnst, durch und lege dir für jede Frage einen anderen ______________ bereit. So kannst du schon während des Lesens die ______________ in der dazugehörigen Farbe ______________ (Lineal!) und hervorheben. Schlage ______________ im Wörterbuch oder Lexikon nach! Schreibe in einem dritten Schritt ______________ die Ergebnisse zu den Fragen heraus – du findest sie leicht anhand der Farben. Achte darauf, dass du weder wichtige ______________ noch ______________ vergisst!

Versuche abschließend, die Stichpunkte in ______________ zu klaren, einfachen Sätzen auszuformulieren. Erfinde für jede zu beantwortende Frage eine ______________!"

unbekannte Wörter – treffende Überschrift – überfliegen – Fragen zur Bearbeitung – Überblick verschaffen – Thema – eigenen Worten – Buntstift – unterstreichen – Fachbegriffe – stichpunktartig – Schlüsselwörter – wichtigsten Stellen und Wörter

Mache dir nun die einzelnen Schritte der Textarbeit nochmals bewusst, indem du die Vorgehensweise stichpunktartig notierst!!

1. ______________________________

____

2. ______________________________

____

3. ______________________________

____

4. ______________________________

____

5. ______________________________

____

6. ______________________________

____

7. ______________________________

____

8. ______________________________

____

13 Auswendiglernen (1)

Das Datum von heute

Bearbeite den folgenden Textausschnitt!

„Du hast sicherlich in den letzten Schuljahren festgestellt, dass in der Schule viel Wert darauf gelegt wird, die schriftlichen Klassenarbeiten durch sorgfältiges Üben gründlich vorzubereiten. Dem Eintrainieren mündlichen Lernens wird dagegen weit weniger Aufmerksamkeit geschenkt.
Daraus ergeben sich Nachteile: Dadurch dass mündliche Leistungen im Unterricht heute eher in Gesprächsform und Diskussion gefordert werden, wird teilweise das Trainieren der Erinnerungsfähigkeit vernachlässigt und ein dicht geknüpftes Netz aus gesichertem Wissen immer löchriger. Aber mündliches Lernen ist wichtig, da es nicht nur die Merkfähigkeit schult, sondern andere Lernprozesse vorbereiten hilft. Wenn durch eigenes aktives Einprägen ein enges Wissensnetz entsteht, bei dem verschiedene Stoffgebiete miteinander in Beziehung gesetzt werden, können neue Lerninhalte leichter aufgenommen und behalten werden. Die Verknüpfung von Informationen mit bereits bekanntem, fundiertem Wissen erhöht den Anteil des Behaltenen.
Trainiert werden kann die Merkfähigkeit durch gezieltes Auswendiglernen etwa von Gedichten (Deutsch), kurzen Texten (Merksätze in allen Fächern, Hefteinträge) oder Datengerüsten (Geschichte)."

Begründe: Warum ist es wichtig, Lerninhalte auswendig lernen zu können?

Ordne die unten stehenden Halbsätze den einzelnen Schritten des Auswendiglernens zu!

1. Schritt: verstehen – erfassen – strukturieren	
2. Schritt: bearbeiten	
3. Schritt: vorstellen	
4. Schritt: einprägen	
Hilfstechniken	

Überbetonung – mehrmaliges Lesen – Gedicht mit Papierstreifen teilweise abdecken – Versanfänge als Eintrittskarte – Um was geht es? – Reihenfolge des „Geschehens" – Wechsel zwischen lautem und leisem Sprechen – Sinnabschnitte bilden – wiederholtes Schreiben – Bild für Bild vor dem inneren Auge vorstellen – Lernhäppchen bilden – herumlaufen – Unterstreichen von Schlüsselwörtern – Reime – Sprechrhythmus und Bewegungsrhythmus synchronisieren – mehrfach wiederholen – Hervorheben von Besonderheiten – nach langer Pause wiederholen

14 Auswendiglernen (2)

Das Datum von heute

____

Georg Heym, Der Winter

Der blaue Schnee liegt auf dem ebenen Land,
das Winter dehnt. Und die Wegweiser zeigen
einander mit der ausgestreckten Hand
der Horizonte violettes Schweigen.

Hier treffen sich auf ihrem Weg ins Leere
vier Straßen an. Die niedren Bäume stehen
wie Bettler kahl. Das Rot der Vogelbeere
glänzt wie ihr Auge trübe. Die Chausseen

verweilen kurz und sprechen aus den Ästen.
Dann ziehn sie weiter in die Einsamkeit gen
Nord und Süden und nach Ost und Westen,
wo bleicht der niedere Tag der Winterzeit.

Ein hoher Korb mit rissigem Geflecht
blieb von der Ernte noch im Ackerfeld.
Weißbärtig, ein Soldat, der nach Gefecht
und heißem Tag der Toten Wache hält.

Der Schnee wird bleicher, und der Tag vergeht.
Der Sonne Atem dampft am Firmament,
davon das Eis, das in den Lachen steht
hinab die Straße rot wie Feuer brennt.

LÖSUNGSVORSCHLÄGE

2

6–9 Punkte: Es ist wichtig, dass du grundlegend über deine Lern- und Arbeitstechniken nachdenkst, denn du kannst sie in vielen Bereichen verbessern. Du wirst in dem vorliegenden Heft viele wichtige Anregungen dazu finden, die dein Lernen grundlegend verändern können.
10–14 Punkte: In manchen Bereichen greifst du schon auf recht bewährte Arbeitsformen zurück. In einigen Punkten kann dir das Heft aber noch deutliche und wirkungsvolle Hilfen an die Hand geben, die dir dein weiteres Arbeiten erleichtern werden.
15–18 Punkte: Du gehst überlegt und durchdacht an das Lernen und Arbeiten heran. Vertiefe und festige deine Vorgehensweise noch mit den Tipps aus dem Heft, du kannst dann ein richtiger Lernprofi werden!

Wenn dich Themen wie der häusliche Arbeitsplatz, die richtige Hausaufgabenzeit und die richtige Hausaufgabenabfolge, das Einplanen von Pausen, die verschiedenen Lerntypen, das Lernen von Hefteinträgen, effektive Textarbeit, Lernen und Wiederholen, planvolle Schulaufgabenvorbereitung oder der Lernkarteikasten interessieren, dann kannst du das Heft „Lerntechniken. 5.+6. Schuljahr" heranziehen.

3

61 „e"

6

118 Vokale (mit 3 Umlauten), 197 Konsonanten

stimmt: 2, 3, 4, 5, 9, 11, 13, 14, 15
stimmt nicht: 1, 6, 7, 8, 10, 12, 16, 17

7

1. Was soll ich tun? **2.** Wie soll ich es tun? **3.** Was weiß ich schon?
4. Habe ich alles und kann es stimmen?

Zu erledigen war nur: noitartneznoK; acht

Ein schrittweises, planmäßiges Vorgehen hilft dabei, sich selbst zu kontrollieren und Fehler zu vermeiden.

8

11

5, 6, 7, 5, 5, 5, 5, 5, 4, 3, 6, 7
11, 7, 5, 5, 5, 4, 3, 6, 8, 5, 6, 7

Konzentration kann geübt werden; Routine entlastet bei Konzentrationsleistungen.

9

Selbsteinschätzung und wirklich benötigte Zeit oder Lernenergie stimmen oft nicht überein. Je genauer und treffender die Selbsteinschätzung wird, umso besser lassen sich Hausaufgaben und Prüfungen erledigen, weil die zeitliche Planung zielgerichteter wird und das Gefühl, die Aufgaben zu beherrschen, zunimmt.

10

In einem Wörterbuch lassen sich mögliche Zusammensetzungen nachschlagen.

Wiederholte Schulung von gleichen Anforderungen erhöht nicht nur die Bearbeitungsgeschwindigkeit, sondern auch den Umfang und die Qualität der Ergebnisse.

11

Wenn du vor allem von störenden Gedanken („Ich kann ja ohnehin nichts.", „Das werde ich nie schaffen.", „Das ist viel zu schwer.") und störenden Gefühlen (Traurigkeit wegen der Situation zu Hause oder in der Schule, Gefühl tiefen Enttäuschtseins, der Sinnlosigkeit oder der Unlust) beherrscht bist, solltest du dir vielleicht einen Ruck geben und mit deinen Eltern, einem Lehrer deines Vertrauens oder einem Schulpsychologen darüber reden.

12

überfliegen • Überblick verschaffen • Thema • Fragen zur Bearbeitung • Buntstift • wichtigste Stellen und Wörter • unterstreichen • unbekannte Wörter • stichpunktartig • Schlüsselwörter • Fachbegriffe • eigenen Worten • treffende Überschrift

1. Text überfliegen; 2. Bearbeitungsfragen lesen; 3. jeder Frage eine Farbe zuordnen; 4. während des Lesens wichtige Begriffe unterstreichen; 5. unbekannte Begriffe nachschlagen; 6. stichpunktartig Antworten notieren; 7. Stichpunkte in eigenen Worten ausformulieren; 8. Überschriften bilden

13

1. Schritt: mehrmaliges Lesen – Um was geht es? – Reihenfolge des „Geschehens" – Sinnabschnitte; **2.** Schritt: Lernhäppchen bilden – Unterstreichen von Schlüsselwörtern – Reime – Hervorheben von Besonderheiten – Versanfänge als Eintrittskarte; **3.** Schritt:

Bild für Bild vor dem inneren Auge vorstellen; **4.** Schritt: Gedicht mit Papierstreifen teilweise abdecken – mehrfach wiederholen – nach langer Pause wiederholen; Hilfstechniken: herumlaufen – Sprechrhythmus und Bewegungsrhythmus synchronisieren – Wechsel zwischen lautem und leisem Sprechen – Überbetonung – wiederholtes Schreiben

14

In dem Gedicht wird eine Winterlandschaft beschrieben, die sich in alle Himmelsrichtungen ausbreitet. Dabei wirkt das Beschriebene unheimlich und bedrohlich.

15

Orte, Plätze

bekannt und vertraut, gut vorstellbar, voneinander deutlich unterscheidbar, Anzahl zwischen 7 und 9, klare und immer gleiche Reihenfolge

1. Plätze auswählen
2. sich ihre Reihenfolge einprägen
3. in einem Durchgang Wissenshäppchen hinterlegen
4. mehrfach wiederholen
5. in Prüfung durch geistigen Spaziergang Gelerntes wiederfinden
6. Plätze nach Prüfung sauber kehren

Besonders geeignet für Wissen in einer festgelegten Reihenfolge und für Lernstoff, der nach Prüfungen wieder vergessen werden darf, da er nachgeschlagen werden kann

17

Verschlüsselung – Speicherung – Abrufung von Wissen

Die Aufgabe einer Skizze ist eine bildhafte Darstellung von Informationen, durch die ein Ablauf oder Prozess sowie die Zusammenhänge zwischen einzelnen Teilen eines Modells deutlich werden. Eine Skizze ist eine anschauliche Verständnishilfe.

18

Schlüsselbegriffe sind u. a.: episodisches Gedächtnis – persönliche Erlebnisse in zeitlicher Abfolge – semantisches Gedächtnis – Aufbewahrung von Wissen – Netzstruktur – hierarchisch – Schlussfolgerungen - prozedurales Gedächtnis – Handlungs- und Bewegungsabläufe – Priming – Sinneseindrücke – unermessliches Fassungsvermögen – zusammenwirken

Zu den Seiten 41–47

Eine einfache Strukturskizze könnte so aussehen:

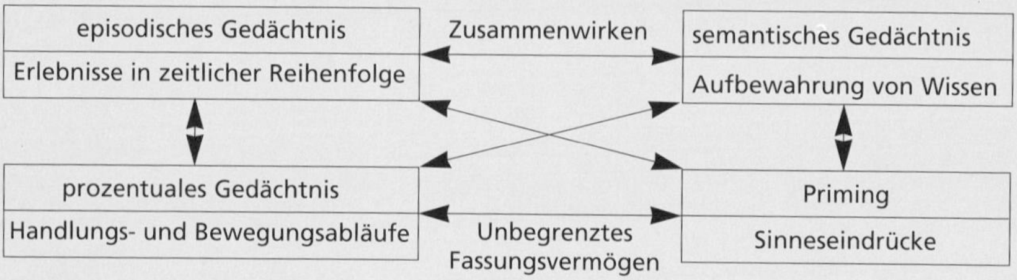

19

Fachtexte, herauszuarbeiten, Wichtigste, Zusammenhänge, Lerninhalte, Schaubild, Kästchen, spezielleren, anspruchsvolle, Erinnerung

20

Schreibgerät, Satzzeichen, Möbel, Zahlungsmittel, Familie, Haushaltsgerät, Uhr, Gesicht, Computer, Baum, Obstsorten, Südfrüchte, Auge, Metalle, Edelmetalle, Körper, Hand, Unterricht, Sportarten, Schiff, Computerfachgeschäft, Baumarten, Schreibwaren

Links: Kopf, Wange, Auge, Pupille, Iris
Rechts: Hand, Fingernagel

21

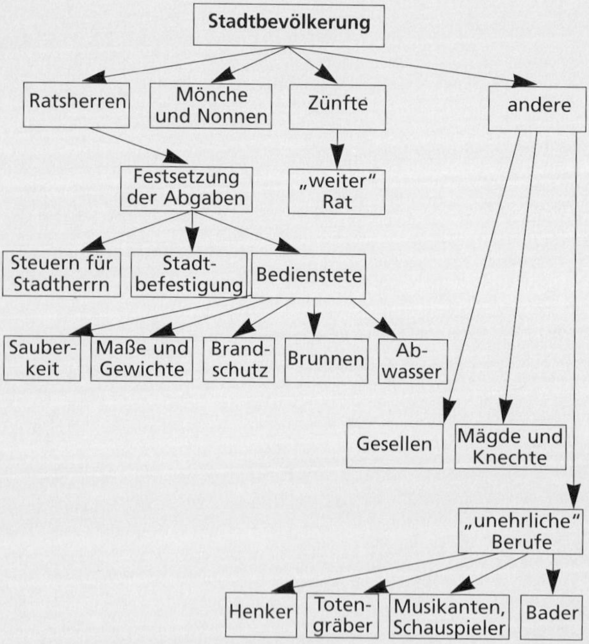

22

Die Verknüpfung von unanschaulichen Buchstaben und dem Bild eines Netzes oder einer Landkarte kommt der Arbeitsweise des Gehirns entgegen und verbessert das Erinnern.

Im Kreis, beginnend von rechts oben: Ideenkarte – kreativ – Textarbeit – Strukturieren – Lernen – Schlüsselwörter – Veranschaulichung – Gedankengang ordnen

23

1. Nimm ein DIN-A3- oder DIN-A4-Blatt und lege es im Querformat vor dich hin.
2. Zeichne in den Mittelpunkt des Blattes einen Kreis.
3. In den Kreis schreibst du den Zentralbegriff, um den es in deiner Gedächtniskarte geht.
4. Vom Mittelpunkt greifen die Hauptäste mit ihren Oberbegriffen wie die Fangarme eines Kraken in alle Richtungen aus.
5. Zusätzliche Ideen fächern sich in Form weiterer Verästelungen aus.
6. Bemühe dich, besonders treffende Begriffe (Substantive) zur Beschriftung der einzelnen Äste zu finden.
7. Die Hauptäste kannst du in verschiedenen Farben voneinander abheben, Zusammengehöriges durch Pfeile verbinden.
8. Zur besseren Übersichtlichkeit kannst du die Hauptäste mit einer Linie umkreisen.
9. Besonders bedeutsame oder schwierige Gedanken werden durch Bilder und Symbole veranschaulicht und hervorgehoben.
10. Eine Ideenkarte ist nicht auf Endgültigkeit angelegt, sie kann immer wieder erweitert und neu erstellt werden.
11. Schreibe grundsätzlich in Druckbuchstaben, die Schriftgrößen kannst du variieren.

24

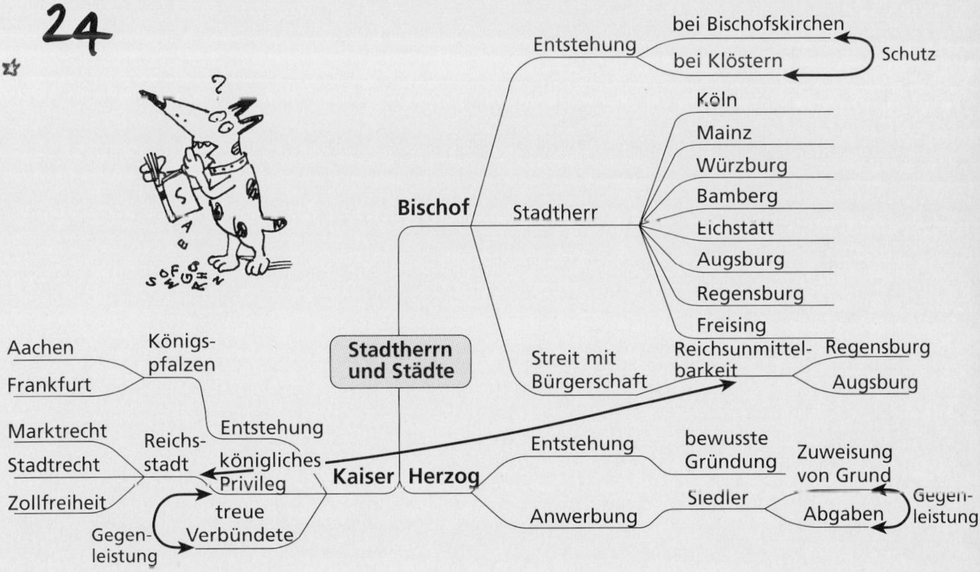

26

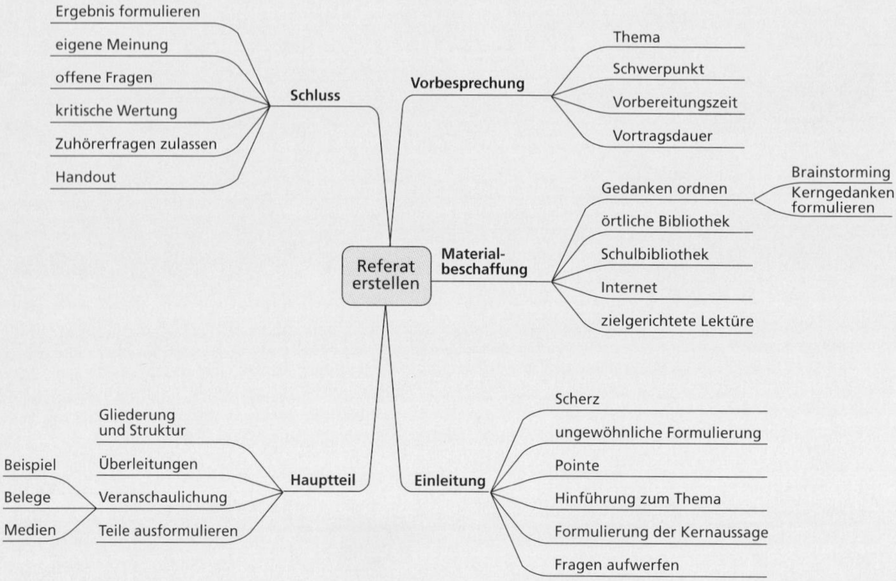

„Habe ich den Auftrag, ein Referat zu erstellen, muss ich mit dem Lehrer zuerst das Thema genau absprechen. Dabei sollten der Schwerpunkt sowie die zur Vorbereitung und beim Vortrag zur Verfügung stehende Zeit geklärt werden.
Damit die folgende Materialbeschaffung zielgerichtet wird, ordne ich meine Gedanken, was mit dem Thema im Zusammenhang steht und welchem Kerngedanken ich nachgehen möchte. Bei der Materialsammlung kann ich mich an die örtliche Bibliothek und an die Schulbibliothek wenden oder im Internet surfen. Habe ich alle Materialien gesichtet, beginne ich mit einer zielgerichteten Lektüre und erst danach mit der Ausarbeitung.
Die Einleitung meines Vortrages ist geglückt, wenn ich durch einen Scherz, eine ungewöhnliche Formulierung oder eine witzige Pointe Interesse wecke. Danach führe ich auf das Thema hin und verdeutliche meine Hauptaussage. Indem ich mögliche Fragestellungen formuliere, die ich während des Referates beantworte, rege ich die Zuhörer zum Mitdenken an.
Beim Hauptteil achte ich besonders auf eine gute Gliederung und Struktur. Zwischen den einzelnen Punkten leite ich über, und ich veranschauliche sie durch Beispiele und Belege. Um den Vortrag aufzulockern und immer wieder neues Interesse zu wecken, setzte ich Medien ein. Als Stützen für meinen Vortrag kann ich einzelne Passagen vollständig ausformulieren.
Der Schluss des Referates ist gut dazu geeignet, das wichtigste Ergebnis noch einmal kurz zusammenzufassen, eine eigene Meinung zu formulieren, auf offene Fragen hinzuweisen oder das Gesagte kritisch zu bewerten. Meine Zuhörer kann ich zu Fragen zum Thema auffordern. Die wichtigsten Inhalte habe ich in einem Thesenpapier zusammengefasst, das ich nun austeile."

27

Aufbau des Referats
O klare Zeitstruktur
O Einleitung
O Hauptteil
O Überleitungen
O Schluss

einsetzbare Medien
O Overhead
O Tafel
O Videorekorder und Fernseher
O Kassettenrekorder
O Diaprojektor
O Karte
O Plakat
O Packpapier
O Computer

Vortragsweise und sprachliche Gestaltung
O klare und treffende Formulierungen
O lautes, betontes Sprechen
O Pausen einlegen
O Blickkontakt zu Zuhörer herstellen
O Zuhörer fragen und einbeziehen

Materialien
O Folienstifte
O Folien
O Stichwortzettel
O Notizen zur Abfolge der Medien
O Thesenpapier mit den wichtigsten Inhalten
O Stifte
O Kreide
O Klebestreifen

Methoden der Veranschaulichung
O Definitionen
O Zitate
O Hervorhebung von Schlüsselbegriffen
O Beispiele
O Belege
O Bilder
O Tabellen
O Grafiken
O Mind-Map
O Schaubild

28

schaffen Gesamtüberblick über Ablauf und Struktur des Referates, dienen Zwischenzusammenfassungen und Verdeutlichung des momentanen Punktes;
dient der Übersichtlichkeit und Überschaubarkeit, vermeidet eine Überfrachtung mit unterschiedlichen Reizen;
Overlay-Methode oder Teilabdecken der Folie;
es darf nicht zu einer „Materialschlacht" mit Folien kommen, der Zuhörer braucht Zeit, eine Folie zu verarbeiten, weniger ist manchmal mehr.

PRÄSENTIEREN MIT FOLIEN

Überblicksfolie
Ablauf
Struktur
Fortschritt
Handout

Gestaltung
Querformat
drei Farben
permanente Stifte

Formulierungen
knapp
treffend
Schlüsselbegriffe

Entwicklungsabläufe
Overlay-Technik
Abdecken

29

Problem	Lösung
1. große Angst, Verkrampfung	durch viel Bewegung vor dem Referat Adrenalin abbauen bewusst tief und langsam in den Bauch atmen sich an ein gelungenes Referat zurückerinnern zu Beginn des Referates die Unsicherheit eingestehen
2. Mitschüler kommt verspätet	mit Blick begrüßen Referat unterbrechen, bis er Platz genommen hat, dann ruhig fortfahren
3. technische Panne	sich für die Panne entschuldigen und in knappen Worten beschreiben, was als Beispiel vorbereitet war auf die Veranschaulichung durch ein Medium verzichten als Ersatz bereitgelegte andere Veranschaulichung einsetzen
4. Lehrer oder Mitschüler stellt Zwischenfrage	Verständnisfragen klären spätere Klärung von Fragen, die sich durch das Referat selbst lösen, versprechen Fragen ohne Zusammenhang zum Referat auf die Abschlussdiskussion verschieben
5. alles ist scheinbar vergessen (Blackout)	in Gedanken zu dem Punkt des Referates zurückgehen, an dem das Wissen noch da war auf schriftlich ausgearbeitetes Referat zurückgreifen und nachblättern
6. Versprecher	Versprecher korrigieren und ruhig weiterreden
7. Stottern	ruhig in den Bauch atmen, wichtigen Begriff an die Tafel schreiben und neu ansetzen
8. unruhiges Hinundherlaufen	sich bewusst an einem Tisch anlehnen und an dem Kontaktpunkt festkleben
9. Verunsicherung durch Blicke	über die Zuhörer hinweg zu einem fernen Punkt schauen
10. Händefuchteln	Hände vor dem Bauch oder am Rücken locker verschränken
11. Mitschüler unterhalten sich	Blickkontakt suchen Mitschüler fragen, ob etwas unklar ist

Lerne das Gedicht mit Hilfe der folgenden Schritte!

1. Um was geht es im Gedicht?

___

___

2. Schreibe rechts neben die Strophen stichpunktartig den Inhalt hin, so dass dir die Reihenfolge des Geschehens bewusster wird!

3. Unterstreiche im Gedicht zentrale Schlüsselwörter (Farben, Gegenstände, Teile der Natur), die Reimwörter und Auffälligkeiten! Markiere die Satzanfänge!

4. Lies nochmals langsam und laut jede Strophe durch und versuche sie dir dabei vor dem inneren Auge vorzustellen!

5. Fertige einen Papierstreifen an, der etwa ein Drittel des Gedichtes breit ist. Präge dir dann Strophe für Strophe ein, indem du erst die Mitte, dann den Anfang und schließlich den Schluss abdeckst!

Folgende Hilfsschritte haben sich beim Lernen des Gedichtes besonders bewährt:

___

___

Wiederhole das gelernte Gedicht frühestens nach zwei Stunden!

Das Datum von heute

15 Gedächtnistraining mit der Loci-Methode (1)

Die so genannte Loci-Methode ist altbewährt und wurde besonders von griechischen und römischen Rednern zum freien Vortrag genutzt – Stichwortzettel als Erinnerungshilfe gab es nicht. Entstanden ist sie, so erzählt Cicero in seinem Lehrbuch für Rhetorik „De oratore", als der Dichter Simonides etwa 500 v. Chr. die Opfer in einem wegen Götterlästerung zusammengestürzten Haus identifizieren sollte. Da er dort zuvor Gedichte vorgetragen hatte, konnte er die Identität der entstellten Toten anhand ihrer Lage im Raum bestimmen. Dies verhalf ihm zur zentralen Erkenntnis, dass man sich eine Abfolge von Inhalten gut anhand eines innerlich vorgestellten Weges entlang vertrauter Orte merken kann. In einem ersten Schritt muss man die Plätze auswählen und sich ihre Reihenfolge einprägen. Besonders bewährt hat sich eine An-zahl zwischen 7 und 9 Orten, da dies auch der natürlichen Aufnahmekapazi-tät unseres Gedächtnisses entspricht. Danach sucht man mit dem inneren Auge die Loci, also die Orte, in ihrer Abfolge auf und hinterlegt jeweils ein Wissenshäppchen. Durch mehrfaches Durchschreiten des Weges festigt sich das Wissen.
Sucht man schließlich in einer Prüfungssituation in Form eines geistigen Spazierganges die Plätze wieder auf, erinnert man sich wie selbstverständlich an das dort Abgelegte. Besonders wichtig ist, dass die Reihenfolge der Orte klar und immer gleich ist. Auch sollten sich die Plätze in ihrem Charakter deutlich voneinander unterscheiden und trotzdem sehr vertraut sein. Damit die Loci immer wieder einsetzbar bleiben, kann man sie nach einer Prüfung im Geiste wieder säubern. Dazu geht man sie mit einem vorgestellten Besen nochmals durch und kehrt sie aus.

Erarbeite aus dem langen Textblock die folgenden Fragen!
Beachte dabei die Vorgehensweise bei der Textarbeit!

Was bedeutet Loci?

___

___

Welche Anforderungen müssen die innerlich vorgestellten Plätze erfüllen? Was ist besonders wichtig?

___

___

Beschreibe stichpunktartig die sechs Schritte, durch die man sich das Lernmaterial einprägt!

1. ___

2. ___

3. ___

4. ___

5. ___

6. ___

Überlege: Für welche Art von Lernstoff eignet sich die Loci-Technik besonders?

___

___

16 Gedächtnistraining mit der Loci-Methode (2)

Das Datum von heute

Mit den folgenden Schritten kannst du nun die Loci-Methode in der Praxis erproben!

Lerne die Reihenfolge der sieben Stationen, die in den Bildern wiedergegeben werden, auswendig. Versuche sie dir dabei vor deinem inneren Auge möglichst deutlich vorzustellen.

Trage nun, wenn du die Abfolge beherrschst, in die Leerzeilen sieben schwer lernbare Wörter oder sieben Fachbegriffe aus Biologie, Geschichte, Erdkunde ... ein.

Präge dir die Begriffe anschließend ein, indem du dir erst den jeweiligen Platz innerlich vorstellst und anschließend das Wort an diesem Platz niederlegst. Halte dich unbedingt an die Reihenfolge!

Überprüfe am nächsten Tag: Von den sieben Wörtern habe ich ________ behalten.

Entwirf nun auf einem großen Blatt deine persönlichen sieben Orte! Bewährt haben sich Haltestellen entlang des Schulweges, Räume des Elternhauses oder auffällige Gebäude während eines Stadtrundgangs – deiner Fantasie sind aber keine Grenzen auferlegt!

Hänge das Blatt zum Einprägen an deinem Schreibtisch auf und erprobe nochmals die oben beschriebene Vorgehensweise!

17 Eine Strukturskizze ergänzen

Das Datum von heute

Der folgende Text zeigt, wie das Gedächtnis Informationen speichert. Lies den Text durch, unterstreiche dabei die Schlüsselbegriffe und trage sie in die unten stehenden Leerzeilen ein!

„Informationen müssen, wenn man sie lernt, nacheinander mehrere Gedächtnisarten durchlaufen. Erst dadurch kann das Wissen verschlüsselt, gespeichert und wieder abgerufen werden.
In der ersten Kammer des Gedächtnisses, dem sensorischen Register, laufen alle Reize, die durch unsere Sinnesorgane wahrgenommen werden, ein. Es besitzt eine nahezu unbegrenzte Aufnahmefähigkeit. Diejenigen Informationen, denen wir unsere Aufmerksamkeit zuwenden, gelangen in das Kurzzeitgedächtnis. Allerdings ist ihre Anzahl auf etwa sieben Wissenshäppchen begrenzt. Im Kurzzeitgedächtnis bleiben sie für eine begrenzte Zeit verfügbar und können somit verarbeitet werden. Wir werden uns der Informationen bewusst. Durch Wiederholung oder Verknüpfung mit schon bekannten Wissenshäppchen und Bildern kann die Verweildauer im Kurzzeitgedächtnis beliebig verlängert werden. Vom Kurzzeitgedächtnis aus kann der Lerninhalt aber auch ins Langzeitgedächtnis übertragen werden. Dies geschieht über eine Verschlüsselung. Dazu reicht nicht einfaches Wiederholen aus, wir müssen uns vielmehr bewusst und aktiv mit dem Lerninhalt auseinandersetzen. Nur so kann später das im Langzeitgedächtnis gespeicherte Wissen auch wieder abgerufen werden.“

Vergleiche deine Schlüsselbegriffe mit den folgenden:
verschlüsselt, gespeichert, abgerufen – sensorisches Register – durch Sinnesorgane wahrgenommene Reize, unbegrenzte Aufnahmefähigkeit – Aufmerksamkeit zuwenden, Kurzzeitgedächtnis, sieben Häppchen, wiederholen, verknüpfen, länger verweilen – Langzeitgedächtnis, Verschlüsselung, bewusstes Auseinandersetzen, später abrufen
Stimmen sie im Wesentlichen überein, hast du die wichtigsten Aussagen des Textausschnittes erfasst.

Versuche nun, die Schlüsselbegriffe in die folgende Skizze einzutragen!

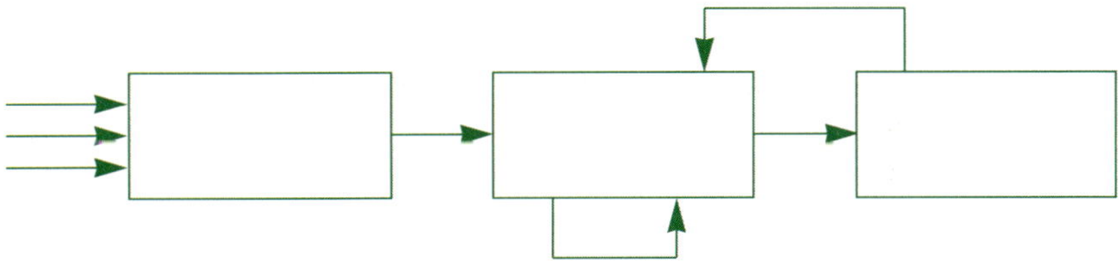

Beschreibe die Aufgaben einer Skizze:

18 Eine Strukturskizze erarbeiten

Das Datum von heute

____

Erstelle auf der Grundlage des Textauszuges über das Langzeitgedächtnis auf der folgenden Seite eine Skizze!
Arbeite dazu zuerst die Schlüsselbegriffe heraus!

„Das Langzeitgedächtnis kann wiederum in vier Speichersysteme unterteilt werden. Im episodischen Gedächtnis, das auch autobiografisches Gedächtnis genannt wird, sind alle persönlichen Erlebnisse in ihrer zeitlichen Abfolge gespeichert. Besonders gut werden diejenigen erinnert, die mit starken Gefühlen einhergegangen sind. Das semantische Gedächtnis ist gewissermaßen unser Wissenssystem. In ihm sind Begriffe, Regeln und Symbole abgelegt, die es uns ermöglichen, die Welt um uns herum zu verstehen. Da die Begriffe wie ein Netz mit vielen Verknüpfungen und in hierarchischen Ordnungen organisiert sind, können wir durch Neukombinationen Schlussfolgerungen ziehen. Aus der Netzstruktur wird auch verständlich, warum ein Lernstoff umso leichter aufgenommen werden kann, je mehr Assoziationen wir mit ihm verknüpfen können.
Im prozeduralen Gedächtnis sind eintrainierte Handlungs- und Bewegungsabläufe eingespeichert, so etwa unsere Fähigkeit Rad zu fahren, zu Schwimmen oder Schreibmaschine zu schreiben. Die Abläufe sind als Ganzes abgelegt, so dass wir sie nur schwer zergliedern oder in Sprache wiedergeben können. Der letzte Gedächtnisbereich wird „Priming" genannt. In ihm sind Sinneseindrücke (Farben, Formen, Gerüche) aufgenommen, die wir wieder erkennen, wenn wir ähnliche Eindrücke erleben.
Insgesamt kann gesagt werden, dass der Informationsspeicher von schier unermesslichem Fassungsvermögen ist. Alle Speicherbereiche, denen bestimmte Hirnregionen zugeordnet werden können, wirken in dem Prozess des Erinnerns zusammen. Daher ist es besonders wichtig, beim Lernen möglichst alle Speicherbereiche anzusprechen."

Die wichtigsten Begriffe sind: ______________________________

____

____

____

Versuche die Schlüsselbegriffe und ihre Beziehungen zueinander in einer Skizze zusammenzustellen!

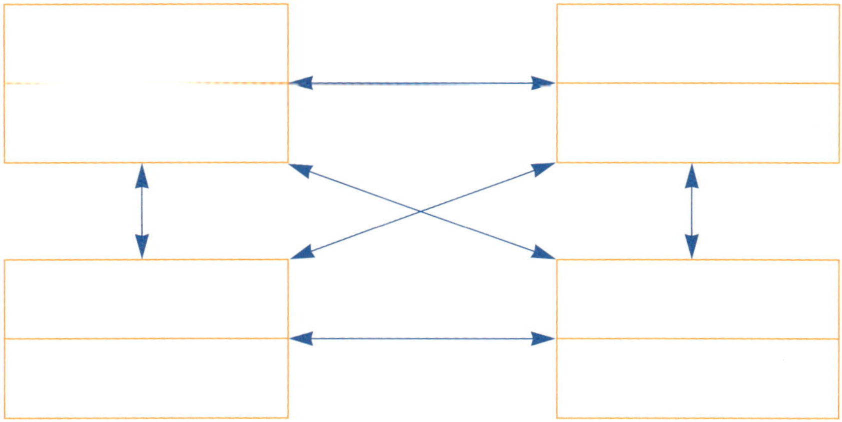

19 Ein hierarchisches Diagramm entwickeln (1)

Das Datum von heute

Suche aus dem Buchstabensalat die zehn versteckten Begriffe heraus und schreibe sie unten in die Leerzeilen!

öaskldjfpioastbvnafknaöskfjLerninhalteöaypcurabvönasiougcjniaghrdivkjfaak
fjfjaqufErinnerungaösdklfökanvavniugghgngaiyucxypuSchaubildaösdkjfcnpci
duaduffasdjfyxiupifnpdvhüaidtupdiufaafnpaeiutrpgiafniasdtguptuiapifjfpi
psdiutpqwieqasdkjfaspditupwtqiepnfiewupdaugpgngpetaupatiuetzaehge
feiigöditaifhdfasdsdfdjsfsdköautpewiqetnfnqewfeutaeiueiefnifqasdutuei
hifdhadifaeutiadgfhipeifweakfödlsjierwpiwepriuadiutpaiutepitueiuFachtexte
övioaupweiueihiengietueaivniefadjanspruchsvolleweieapvdnefpoiherausar-
beitenajdkpweuqpeidfaönWichtigstefafklödjqpweiupioutpoeiuteapionefna
epioutaeineiafuaeprffanjadiutputepijfapidipeaiuatapnfdapdiutpiduatnfda
pieuapitrupitrutiuapetoifneaZusammenhängeadfpafösdkaeitupweqiongvan
cdilsbuahpaifupewiupiotaeganghaepiuatrpietfaösdkuaetKästchenpvaiupeait
opaetiegpeituapetiengapegoieiutpeitutapeipioaegupaigdugpefianiaeoitugg
npdatiuaptudiagnfaeipuefiajspeziellerenaödivapduitgaeniopuapg

Fülle nun mit den Begriffen den folgenden Lückentext aus!

„Viele ____________________, die wir in der Schule zum Lesen bekommen, sind gut verständlich und in sich schlüssig. Allerdings stehen wir oft vor der Schwierigkeit, die vielen Informationen aus dem zusammenhängenden Text ______________________ und zu einer sinnvollen Beziehung zu verknüpfen. Wir erinnern uns daher nach dem Lesen meist nur an kleine Teile und oft nicht an das ____________________.

Behilft man sich mit einem hierarchischen Diagramm, wird es leichter, die ______________________________ zwischen Informationen zu verstehen und sie später zu lernen. Hierarchisch bedeutet, dass die ______________________ in Ober- und Unterbegriffe gebracht werden. Diagramm bedeutet zeichnerische Darstellung oder ________________: Die Beziehung zwischen den Ober- und den Unterbegriffen wird zeichnerisch durch ____________________ und Pfeile verdeutlicht. Sie verästelt sich vom umfassendsten Begriff zu immer _________________________. Versucht man dies selbst an einem Text durchzuführen, ist es eine sehr _________________________ und kreative Tätigkeit. Danach können die Lerninhalte aber viel einfacher und leichter aufgenommen werden. Zudem bleiben sie länger in _______________________ und können schneller wiederholt werden."

20 Ein hierarchisches Diagramm entwickeln (2)

Das Datum von heute

Lies dir die folgende Wortreihe durch! Du wirst dabei Oberbegriffe – Schreibgerät – und Unterbegriffe – Füller, Bleistift, Buntstift – finden. Unterstreiche alle Oberbegriffe!

Füller – Bleistift – Schreibgerät – Buntstift – Satzzeichen – Punkt – Komma – Strichpunkt – Stuhl – Möbel – Tisch – Sessel – Münzen – Scheine – Scheck – Zahlungsmittel – Kreditkarte – Mutter – Familie – Vater – Kind – Haushaltsgerät – Mixer – Staubsauger – Kaffeemaschine – Ziffer – Uhr – Zeiger – Uhrwerk – Haare – Gesicht – Kinn – Wange – Nase – Festplatte – CD-ROM – Computer – Arbeitsspeicher – Blatt – Stamm – Wurzel – Baum – Obstsorten – Birne – Pflaume – Apfel – Zitrone – Mandarine – Südfrüchte – Apfelsine – Sehnerv – Netzhaut – Auge – Pupille – Iris – Eisen – Kupfer – Metalle – Edelmetalle – Gold – Silber – Platin – Körper – Bein – Arm – Kopf – Finger – Fingernagel – Hand – Unterricht – Englisch – Deutsch – Mathematik – Sport – Hochsprung – Weitsprung – Sportarten – Kugelstoßen – Laufen – Kahn – Frachter – Schiff – Passagierschiff – Segler – Drucker – Scanner – Computer – Modem – Computerfachgeschäft – Weide – Ahorn – Obstbaum – Eiche – Baumarten – Heft – Schreibwaren – Notizblock – Zeichenblock – Plakatkarton

Manche der Oberbegriffe können mit anderen Oberbegriffen zu einem Begriffsbaum zusammengefasst werden. Trage die fehlenden Ober- und Unterbegriffe in das hierarchische Diagramm ein!

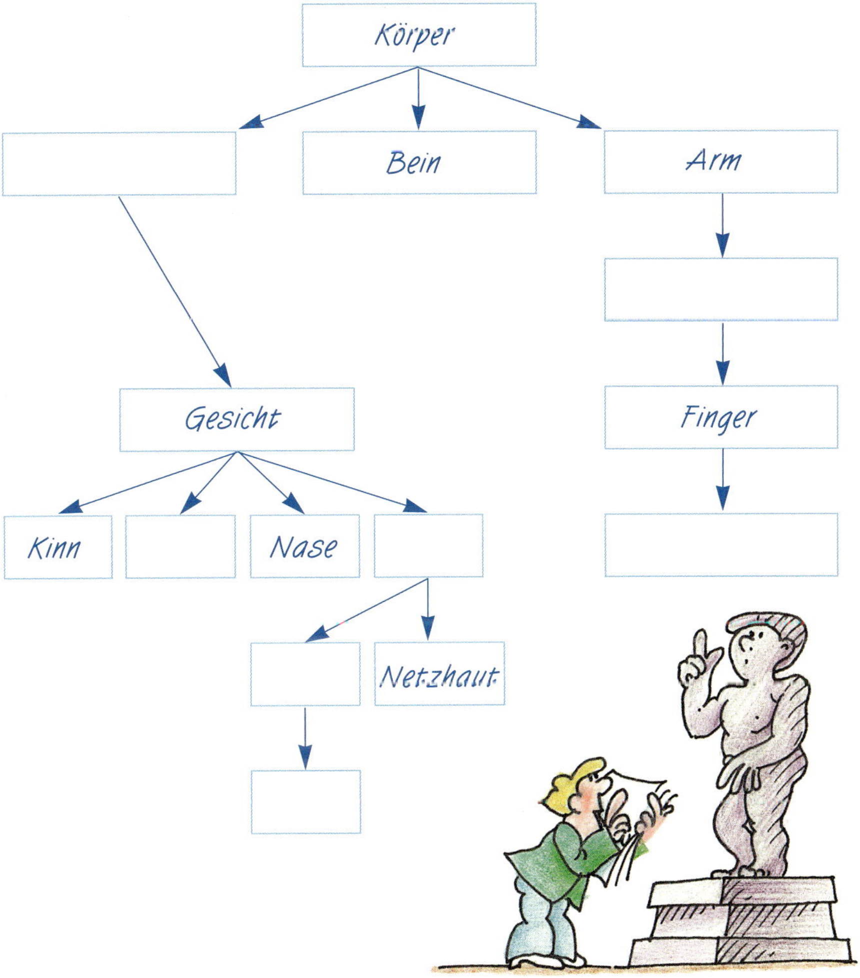

Entwirf danach auf einem Blatt Papier zwei der sechs weiteren möglichen Begriffsbäume!

21 Ein hierarchisches Diagramm entwickeln (3)

Das Datum von heute

Entwirf zu dem folgenden Text ein hierarchisches Diagramm! Arbeite dazu zuerst den Auszug mit den Methoden der Textarbeit durch! Zeichne darauf auf ein Blatt Papier einen Rohentwurf deines Diagramms, bevor du es auf die nächste Seite überträgst!

„Die Bevölkerung in der mittelalterlichen Stadt
Gegen entsprechende Abgaben überließ der Stadtherr den Patriziern die Macht in der Stadt. Diese waren nicht bereit, ihre Macht mit anderen Bewohnern zu teilen. Aus ihrer Mitte bestimmten sie die Ratsherren, die die Abgaben festsetzten. Davon erhielt der Stadtherr für die Gewährung der Stadtrechte einen Steuerbetrag. Auch musste für den Erhalt der Stadtbefestigung gesorgt sowie die Bediensteten bezahlt werden, die auf den Märkten, Straßen, Gassen für Sauberkeit sorgten, Maße und Gewichte überprüften, auf die Brandschutzbestimmungen und Brunnen achteten und für die Abwasserbeseitigung zuständig waren.
Eine besondere Stellung in der Stadt hatten die Mönche und Nonnen. Sie bezahlten keine Steuern, allerdings durfte die Kirche in der Stadt keinen Grundbesitz erwerben.
Die Zünfte wurden lange Zeit vom Rat ferngehalten, weshalb es im 14. Jahrhundert zu Kämpfen mit den Patriziern kam. Vielfach wurde ein neuer ‚weiter Rat' gebildet, in dem auch Vertreter der Zünfte saßen.
Weiter lebten in der Stadt die vom Land zugezogenen Gesellen, Knecht und Mägde. Hatten sie ein Jahr in der Stadt gelebt, waren sie frei, also nicht mehr hörig. Meist verfügten sie nur über ein geringes Einkommen und lebten armselig.
Unter den Knechten und Mägden standen ‚unehrliche' Berufe wie Henker und Totengräber, aber auch Musikanten, Schauspieler und Bader."

(Verändert nach: Wege durch die Geschichte. Geschichtsbuch Gymnasium Bayern. Bd. 2, S. 108)

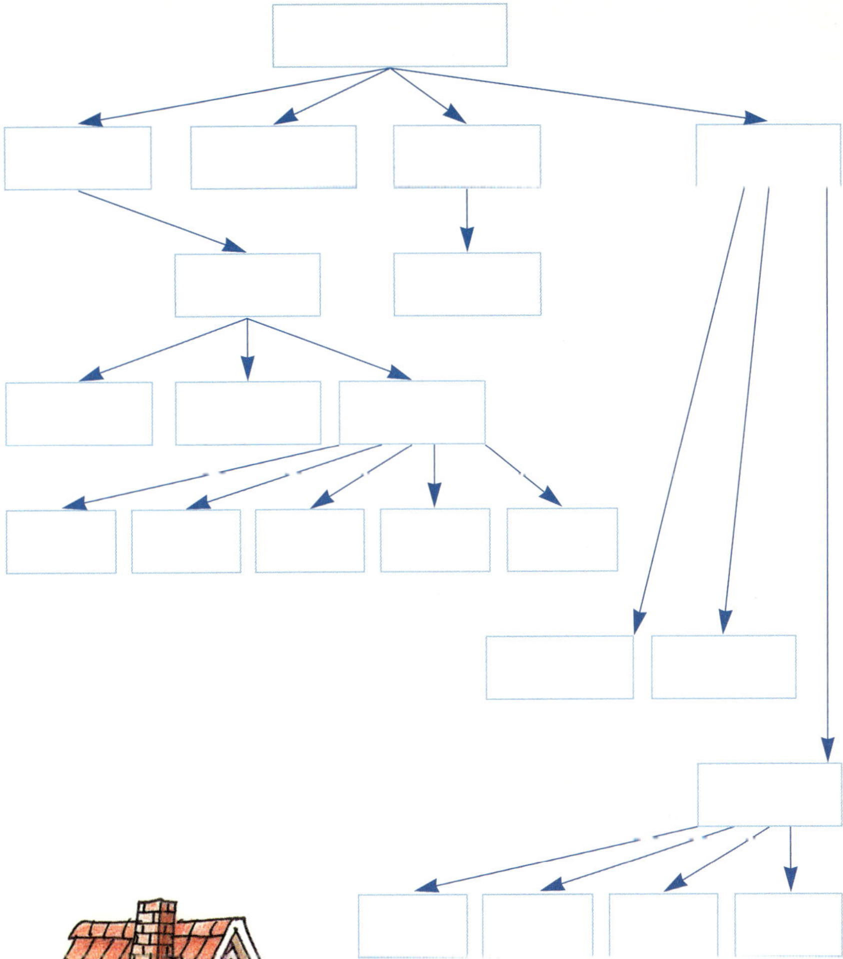

22 Mind-Maps als Lern- und Arbeitstechnik

Das Datum von heute

____

Eine spielerische und kreative Methode, Ideen und Wissen zu entwickeln, zu strukturieren und aufzunehmen, stellt die Mind-Map-Technik dar. Bei dieser werden so genannte Mind-Maps, „Gedächtniskarten", entworfen. Mit deren Hilfe verknüpfen sich unanschauliche, aus Buchstaben bestehende Wörter mit der bildhaften Vorstellung eines Netzes oder einer Landkarte. Genutzt werden so Grunderkenntnisse der Gedächtnisforschung, dass das Gehirn einerseits in Bildern abspeichert und andererseits unterschiedliche Erinnerungen wie in einem dreidimensionalen Spinnennetz miteinander verwoben sind. Je mehr Wissensfäden sich in diesem Netz miteinander verknüpfen, um so besser und dichter wird unsere Erinnerung.

Arbeite aus dem Text heraus: Was spricht für Mind-Maps, um sie zum Lernen zu verwenden?

____

____

____

____

Eine Mind-Map kann verglichen werden mit einem von oben betrachteten Baum, dessen Spitze gekappt wurde, oder mit einer Uhr mit vielen Zeigern, die sich in alle Richtungen auffächern.

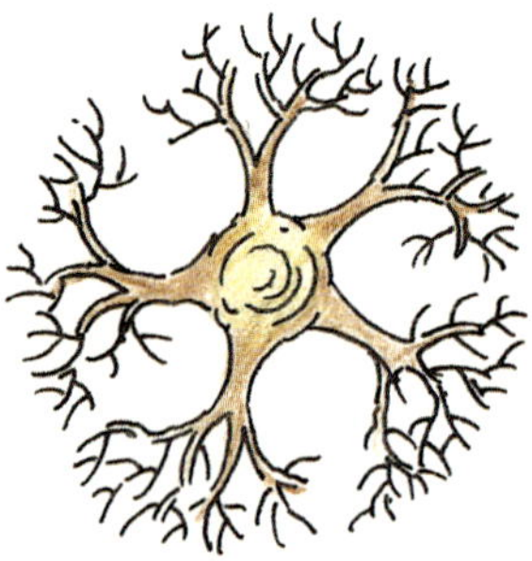

Angewendet werden können Mind-Maps bei der Sammlung von Ideen (Brainstorming), um unvoreingenommen und kreativ in viele verschiedene Richtungen zu denken und Gedanken verzweigen zu lassen (**Ideenkarte**). Hilfreich sind die Karten zudem bei der Strukturierung eines Textes, um dessen Gedankengang und Inhalt ordnen zu können (**Wissenskarte**). Eine weitere Anwendung bietet sich für das Lernen durchgearbeiteten Lernstoffs an. Da der Stoff auf wenige Schlüsselwörter beschränkt wird, deren Ordnung und Beziehung zueinander bildhaft deutlich wird, kann er schnell und nachhaltig erworben werden. Die **Lernkarten** ermöglichen zudem eine leichtere Wiederholung. Auch bei Vorträgen (**Referatkarten**) lässt sich der eigene Gedankengang mit Hilfe der Stichwörter geordneter in Erinnerung rufen oder einem Zuhörer veranschaulichen.

Ergänze in der folgenden Wissenskarte die fehlenden Begriffe!

Textarbeit – Veranschaulichung – Lernen – Strukturieren – Schlüsselwörter – kreativ – Ideenkarte – Gedankengang ordnen

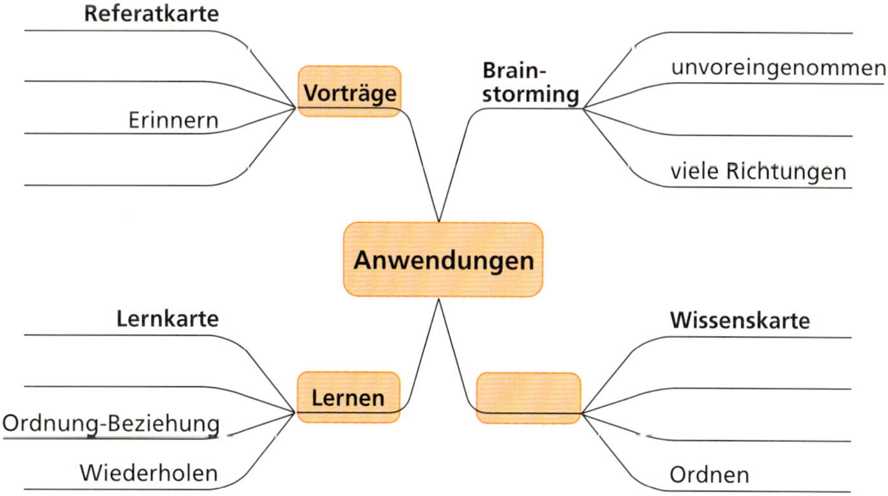

23 Eine Mind-Map entwerfen

Das Datum von heute

In den folgenden Kästchen sind eine ganze Reihe von Tipps, wie Gedächtniskarten angefertigt werden können, durcheinander geraten. Ordne die zusammengehörigen Satzteile zu und bringe sie anschließend in eine sinnvolle Abfolge, nach der eine Mind-Map erstellt werden kann. Schreibe die einzelnen Schritte in die Leerzeilen der nächsten Seite!

In den Kreis schreibst du den	einen Kreis.
Schreibe grundsätzlich in Druckbuchstaben,	weiterer Verästelungen aus.
Vom Mittelpunkt greifen die Hauptäste mit ihren Oberbegriffen	voneinander abheben, Zusammengehöriges durch Pfeile verbinden.
Nimm ein DIN-A3- oder DIN-A4-Blatt	zur Beschriftung der einzelnen Äste zu finden.
Die Hauptäste kannst du in verschiedenen Farben	werden durch Bilder und Symbole veranschaulicht und hervorgehoben.
Bemühe dich, besonders treffende Begriffe (Substantive)	Zentralbegriff, um den es in deiner Gedächtniskarte geht.
Zusätzliche Ideen fächern sich in Form	sie kann immer wieder erweitert und neu erstellt werden.
Besonders bedeutsame oder schwierige Gedanken	wie die Fangarme eines Kraken in alle Richtungen aus.
Zur besseren Übersichtlichkeit	die Schriftgröße kannst du variieren.
Eine Ideenkarte ist nicht auf Endgültigkeit angelegt,	und lege es im Querformat vor dich hin.
Zeichne in den Mittelpunkt des Blattes	kannst du die Hauptäste mit einer Linie umkreisen.

1. ______

2. ______

3. ______

4. ______

5. ______

6. ______

7. ______

8. ______

9. ______

10. ______

11. ______

24 Eine Wissenskarte zu einem Text erstellen

Das Datum von heute

Arbeite den folgenden Text aus einem Geschichtsbuch durch! Nutze dabei die Techniken der Textarbeit! Erstelle anschließend eine Wissenskarte, indem du die vorgefertigte Struktur auf der folgenden Seite oder ein Blatt Papier verwendest!

„Die Stadtherrn

Der Kaiser: Die zahlreichen Städte, die unmittelbar dem Kaiser unterstanden, erwuchsen oft aus Königspfalzen, so z. B. Aachen oder Frankfurt am Main. Die Bürger der mit einem königlichen Privileg zur Reichsstadt erhobenen Siedlungen waren in der Regel treue Verbündete des Kaisers. Die Städte hatten das Recht, einen Markt abzuhalten, sowie Stadtrechte. Auch die Zollfreiheit sicherte der Kaiser zu.

Der Herzog: Viele Städte wurden bewusst von den unmittelbaren Landesherren gegründet. Siedler versuchten die Landesherren vor allem durch Zusicherungen wie der kostenlosen Zuweisung eines Grundstückes zu gewinnen. Dafür mussten die Städte allerdings dem Herzog Abgaben leisten.

Der Bischof: Auch in der Nähe von Bischofskirchen und großen Klöstern wuchsen Städte, weil dort Wehranlagen zu finden waren, die in Notlagen Schutz boten. In diesen Städten trat der Bischof als Stadtherr auf. Zu den etwa 40 Bischofsstädten gehörten neben Köln und Mainz auch Würzburg, Bamberg, Eichstätt, Augsburg, Regensburg und Freising. In manchen dieser Städte kam es zu Auseinandersetzungen der aufstrebenden Bürgerschaft mit den bischöflichen Stadtherren. Einigen dieser Städte gelang es, die Reichsunmittelbarkeit zu erkämpfen, darunter Augsburg und Regensburg, wodurch sie freien Reichsstädten gleichgestellt waren."

(Verändert nach: Wege durch die Geschichte. Geschichtsbuch Gymnasium Bayern. Bd. 2, S. 106–107)

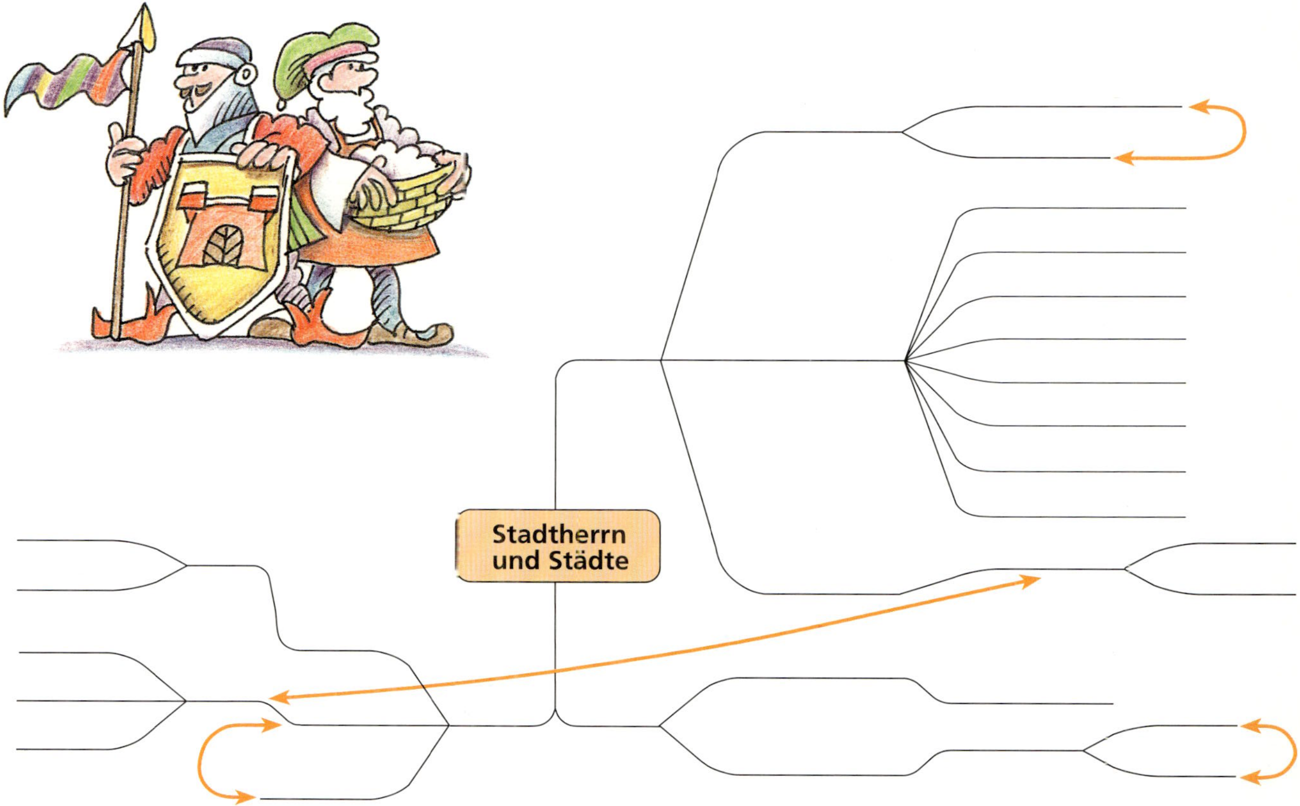
Stadtherrn
und Städte

25 Eine Ideenkarte entwerfen

Das Datum von heute

Ideenkarten sind besonders geeignet, Gedanken zu Problemstellungen zu sammeln, die in der Schule in Diskussionen, begründeten Stellungnahmen oder in einer Erörterung immer wieder aufgeworfen werden.

Sammle zu zwei der unten stehenden Themen so viele Einfälle wie möglich! Verwende dazu die Kartenvorlage auf der nächsten Seite und ergänze gegebenenfalls Hauptäste und Nebenäste! Verknüpfe zusammengehörige Ideen mit Pfeilen, und versieh deine Karte mit Zeichnungen und Symbolen!

Die Bedeutung von Schulfahrten
Die Rolle von Freundschaften
Nachteile von Freizeitjobs
Studieren heute
Die Notwendigkeit der SMV
Der Nutzen moderner Medien
Kritik am Fernsehen
Gegen Skifahren als Freizeitsport

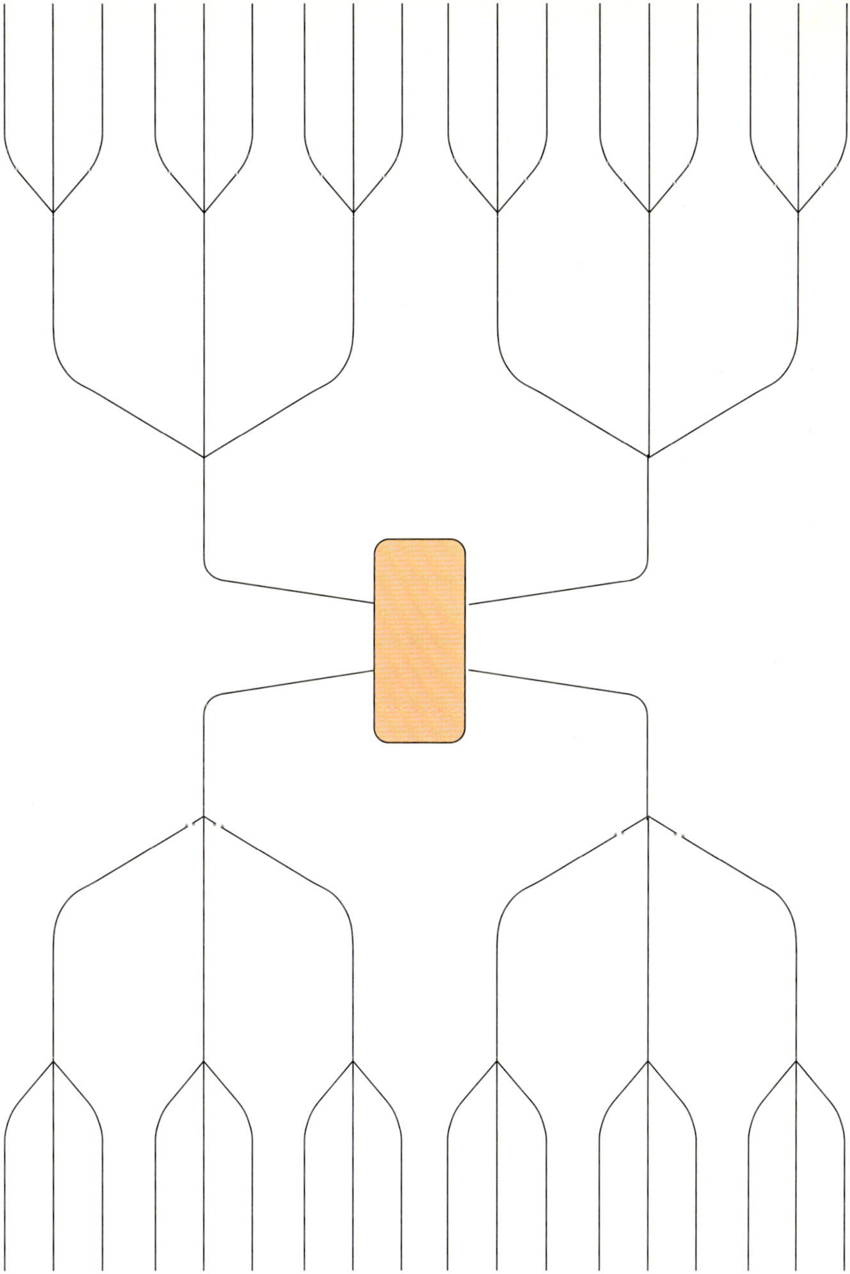

26 Ein Referat erstellen

Das Datum von heute

Deine kleine Schwester ist mit ihrer Schere über deine Arbeitsunterlagen hergefallen und hat eine Mind-Map über das Erstellen von Referaten zerstückelt.

Kopiere dir die nächste Seite, schneide die einzelnen Puzzleteile aus und klebe sie auf einem Blatt zu einer sinnvoll aufgebauten Mind-Map zusammen!

Verfasse anschließend auf der Grundlage der Mind-Map einen kurzen Text, in dem du die Vorgehensweise beim Erstellen eines Referates beschreibst!

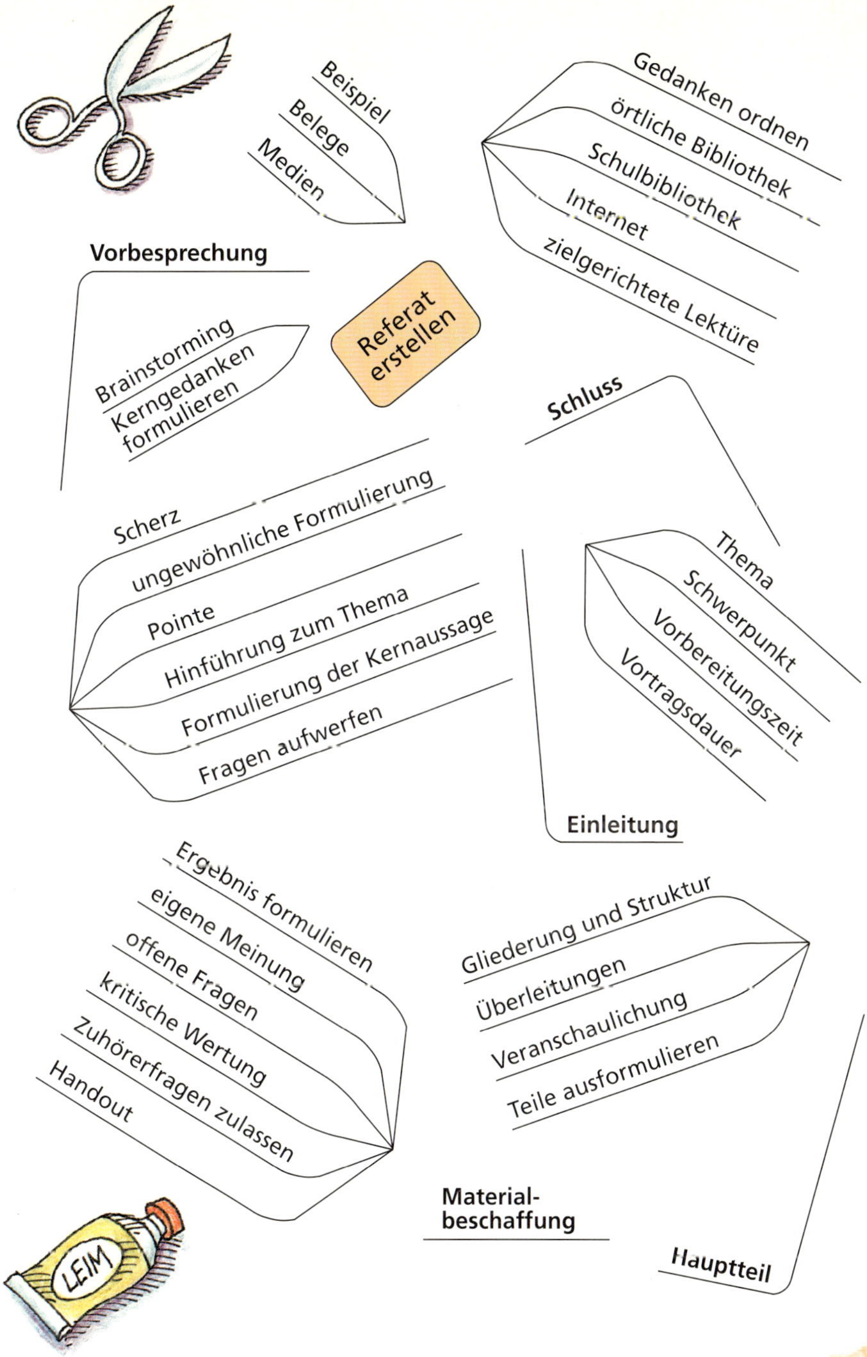
Referat erstellen
Vorbesprechung
Brainstorming
Kerngedanken formulieren
Beispiel
Belege
Medien
Gedanken ordnen
örtliche Bibliothek
Schulbibliothek
Internet
zielgerichtete Lektüre
Schluss
Scherz
ungewöhnliche Formulierung
Pointe
Hinführung zum Thema
Formulierung der Kernaussage
Fragen aufwerfen
Einleitung
Thema
Schwerpunkt
Vorbereitungszeit
Vortragsdauer
Ergebnis formulieren
eigene Meinung
offene Fragen
kritische Wertung
Zuhörerfragen zulassen
Handout
Material-
beschaffung
Hauptteil
Gliederung und Struktur
Überleitungen
Veranschaulichung
Teile ausformulieren
LEIM

27 Ein Referat halten: Durchführung

Das Datum von heute

Viele wichtige Tipps zur Durchführung eines Referates sind in einem Mixer durchgequirlt und völlig miteinander vermischt worden. Ordne sie neu an, indem du sie den Kategorien auf der nächsten Seite zuordnest! Auf diese Weise erhältst du eine Checkliste, die du gezielt vor dem Halten eines Vortrages durchgehen kannst.

Zitate
Kassettenrekorder
Folienstifte
Videorekorder und Fernseher
Tafel
Pausen einlegen
Packpapier
Plakat
Schluss
Hauptteil
Hervorheben von Schlüsselbegriffen
Diaprojektor und Dias
Definitionen
Bilder
Stifte
Tabellen
Beispiele
klare Zeitstruktur
Grafiken
Folien
Karte
Overhead
Überleitungen
Mind-Map
Blickkontakt zum Zuhörer herstellen
Kreide
klare und treffende Formulierungen
Zuhörer fragen und einbeziehen
Belege
Stichwortzettel
Notizen zur Abfolge der Medien
Einleitung
Thesenpapier mit den wichtigsten Inhalten
Klebestreifen
lautes, betontes Sprechen

Aufbau des Referats

einsetzbare Medien

Vortragsweise und sprachliche Gestaltung

Materialien

Methoden der Veranschaulichung

28 Ein Referat halten: Präsentation mit Folien

Das Datum von heute

Setze dich mit dem folgenden Text über die Präsentation mit Folien auseinander, indem du ihn durcharbeitest und die unten stehenden Fragen beantwortest!

„Die Verwendung des Overheads ist die wohl praktischste Form der Präsentation. Bei der Gestaltung der Folien müssen allerdings einige wichtige Aspekte beachtet werden, damit sie gut gelingt.
Zu Beginn des Referates hilft eine Folie mit einem Gesamtüberblick über das Referat, den Ablauf und die Struktur des Vortrages verständlich zu machen. Zudem kann ein solcher Gesamtüberblick zwischenzeitlich immer wieder herangezogen werden, um zu verdeutlichen, an welcher Stelle man angelangt ist. Möglich ist weiter, durch Kopie der Überblicksfolie den Zuhörern ein Thesenpapier auszuhändigen.
Bei der Gestaltung der Folien hat es sich bewährt, sie im Querformat zu verwenden und nicht mehr als drei Farben pro Folie einzusetzen. Wenn man ein liniertes oder kariertes Blatt Papier unterlegt, lassen sie sich leicht beschriften oder mit Tabellen und Skizzen versehen. Permanente Folienstifte vermeiden ein Verwischen des Textes, Korrekturen können mit einem in Spiritus getauchten Wattestäbchen durchgeführt werden.
Um eine Überladung der Folien mit Informationen zu vermeiden, sollte man sich auf das Wesentliche beschränken, knapp und treffend formulieren und Schlüsselbegriffe gesondert hervorheben.
Will man anhand einer Folie einen Ablauf oder eine Entwicklung verdeutlichen, kann man auf die Overlay-Methode zurückgreifen. Bei ihr werden nacheinander mehrere Folien übereinander gelegt, bis der Gesamtzusammenhang hergestellt ist. Eine andere Möglichkeit ist, mit Hilfe eines Blattes Papier diejenigen Teile abzudecken, die dem Zuhörer noch nicht zugänglich gemacht werden sollen. Während des Vortrages öffnet man dann schrittweise ein immer größeres Sichtfenster. Ein Zeigestab oder Stift können dazu genutzt werden, auf wichtige Wörter hinzuweisen.
Grundsätzlich sollten niemals nur Folien mit Text verwendet werden. Illustrationen, Bilder, Grafiken, Tabellen oder Mind-Maps lockern das Geschriebene auf, sodass ein Gleichgewicht zwischen Bild und Text entsteht."

Welche Funktionen können Überblicksfolien erfüllen?

Überlege: Weshalb ist es besser, das Querformat und nur drei Farben pro Folie zu verwenden?

Welche Methoden gibt es, um einen Inhalt oder Prozess vor den Augen der Zuhörer zu entwickeln?

Überlege: Welche Gefahren müssen bei dem Einsatz von Folien bedacht werden?

Fertige nun eine Folie zum Thema „Präsentieren mit Folie“ an!

29 Ein Referat halten: Pannen und Störungen

Das Datum von heute ________

Richtig perfekte Referate gelingen nur selten. Die Regel ist eher, dass irgendetwas nicht ganz so gut abläuft, wie man es sich vorher in Gedanken ausgemalt hat. Daher ist es von Vorteil, wenn man sich schon im Vorfeld mit möglichen Störungen auseinander setzt und sich Alternativen zurechtlegt.

Ordne den folgenden Problemen sinnvolle Lösungen zu! Schreibe beide dann in Form einer Tabelle auf einen großen Zettel, den du dir an deinem Schreibtisch aufhängen kannst!

1. große Angst, Verkrampfung
2. Mitschüler kommt verspätet
3. technische Panne
4. Lehrer oder Mitschüler stellt Zwischenfrage
5. alles ist scheinbar vergessen (Blackout)
6. Versprecher

mit Blick begrüßen
Verständnisfragen klären
Versprecher korrigieren und ruhig weiterreden
durch viel Bewegung vor dem Referat Adrenalin abbauen
Hände vor dem Bauch oder am Rücken locker verschränken
zu Beginn des Referates die Unsicherheit eingestehen
sich an gelungenes Referat zurückerinnern
Blickkontakt suchen
auf die Veranschaulichung durch ein Medium verzichten
Referat unterbrechen, bis er Platz genommen hat, dann ruhig fortfahren
in Gedanken zu dem Punkt des Referates zurückgehen, an dem das Wissen noch da war

7. Stottern
8. unruhiges Hin-undherlaufen
9. Verunsicherung durch Blicke
10. Händefuchteln
11. Mitschüler unterhalten sich

Mitschüler fragen, ob etwas unklar ist
auf schriftlich ausgearbeitetes Referat zurückgreifen und nachblättern
spätere Klärung von Fragen, die sich durch das Referat selbst lösen, versprechen
Sich für die Panne entschuldigen und in knappen Worten beschreiben, was als Beispiel vorbereitet war
bewusst tief und langsam in den Bauch atmen
ruhig mit dem Bauch atmen, wichtigen Begriff an die Tafel schreiben und neu ansetzen
Fragen ohne Zusammenhang zum Referat auf die Abschlussdiskussion verschieben
sich bewusst an einem Tisch anlehnen und an dem Kontaktpunkt festkleben
als Ersatz bereitgelegte andere Veranschaulichung einsetzen
über die Zuhörer hinweg zu einem fernen Punkt schauen

Jeden Tag ein bisschen besser

Damit klappt das Lernen spielend! Jedes Heft bietet zu wichtigen schulischen Themen kurze Trainingseinheiten für 15–30 Minuten täglich. So werden die „Denkmuskeln" fit gehalten und das Wissen vertieft. Jedes Heft ist vierfarbig und enthält einen heraustrennbaren Lösungsteil.

Darum ab sofort: **Jeden Tag ein bisschen besser ...**

... im Fach	ISBN 3-589-
Deutsch	
4. Schuljahr	21190-3
5. Schuljahr	21191-1
6. Schuljahr	21193-8
7. Schuljahr	21194-6
8. Schuljahr	21195-4
Übungsdiktate	
4. Schuljahr	21379-2
5. Schuljahr	21243-8
6. Schuljahr	21244-6
7. Schuljahr	21376-0
Für alle Fächer	
Lernen - So geht`s	
5./6. Schuljahr	21373-6
7./8. Schuljahr	21374-4

... im Fach	ISBN 3-589-
Mathematik	
4. Schuljahr	21202-0
5. Schuljahr	21203-9
6. Schuljahr	21204-7
7. Schuljahr	21205-5
8. Schuljahr	21206-3
Testaufgaben	
5. Schuljahr	21355-8
6. Schuljahr	21356-6
Englisch	
5. Schuljahr	21196-2
6. Schuljahr	21197-0
7. Schuljahr	21198-9
8. Schuljahr	21199-7
Französisch	
7. Schuljahr	21168-7
8. Schuljahr	21169-5

Cornelsen SCRIPTOR

Fragen Sie bitte
in Ihrer Buchhandlung!